A. F. Flaminio Anibali de Latera

Veritas Impressionis Sacrorum Stigmatum In Corpore Seraphici S. Francisco

A. F. Flaminio Anibali de Latera

Veritas Impressionis Sacrorum Stigmatum In Corpore Seraphici S. Francisco

ISBN/EAN: 9783742848918

Manufactured in Europe, USA, Canada, Australia, Japa

Cover: Foto ©Andreas Hilbeck / pixelio.de

Manufactured and distributed by brebook publishing software (www.brebook.com)

A. F. Flaminio Anibali de Latera

Veritas Impressionis Sacrorum Stigmatum In Corpore Seraphici S. Francisco

VERITAS IMPRESSIONIS
SACRORUM STIGMATUM
IN CORPORE
SERAPHICI S. FRANCISCI
ASSISIENSIS
IN LUCE POSITA
Et a Criticorum quorumdam opinionibus vindicata

A F. FLAMINIO ANNIBALI DE LATERA

ORDINIS MINORUM

Sacræ Theologiæ Lectore Jubilato, Observantis Romanæ Provinciæ Alumno

ROMÆ MDCCLXXXVI.
Ex Typographia Archangeli Casaletti

Superiorum Permissu

EMO. ET RMO PRINCIPI

D. D.

JOANNI-MARIÆ RIMINALDI

S. R. E. CARDINALI AMPLISSIMO

Fr. Flaminius Annibali de Latera Ordinis Minorum
Sacræ Theologiæ Lector Jubilatus

FELICITATEM.

NIL mihi certe jucundius, EME PRINCEPS, nil huic operi honorificentius evenire poterat, quam hoc ipsum, utcumque a me elaboraboratum, celeberrimo nomine tuo inscriptum in lucem edere, ac præsidiis hisce munitum validissimis, veritatis, & religionis amicis typis excusum offerre. Ex hac enim tanti nominis inscriptione, tantique Mæcenatis auctoritate, illud abunde ei lumen, & pretium accessurum putavi, & firmissime credidi, quod ab studio, vel arte auctoris nec habere unquam, nec ullo modo ei communicari potuisse optime noveram. Virtutes illæ præfulgidæ, quibus augusto Purpuratorum Patrum Senatui adscribi meruisti, quibusque nunc mirifice purpuram ipsam exornas, animi scilicet, corporisque nobilitas, bonarum artium, scientiarumque cultus, & amor, in omnes humanitas , & beneficentia singularis, intime id mihi suadebant ; sed illa præsertim, ut ceteras reticeam, summa in Deum pietas, & in Divum Franciscum, Minorum Patrem , & Ducem gloriosissimum satis perspecta devotio, me ultimo adegit, ut Te in mei, ac operis patronum, & auspicem deligerem. De sacris namque in eo agitur Stigmatibus, quibus Vir Seraphicus , & Patriarcha beatissimus, mira Dei gratia in suo corpore impressus fuit, & quidem contra etherodoxos, & recentiores quosdam intemperantes criticos agitur, qui mirabilem impressionem hanc vel absolute

negant, vel a cónfictis caufis eam repetentes, Stigmata ipfa metaphorica tantum, aut myftica fuiffe contendunt. Hujufmodi idcirco opus non alterius profecto nomini dicandum erat, quam Viri, Sanctiffimi Inftitutoris, ejufque Ordinis amantiffimi, non alteri vovendum, quam præclariffimo Principi Romanæ Ecclefiæ, cujus auctoritatem, dum hæretici, & alii laudata Stigmata inficiantur, vel fugillant audacter nimis, vel omnino adimunt, vel flocci facere videntur. Tot enim tantifque impreffio ifthæc afferitur, et roboratur teftimoniis Romanorum Pontificum, qui etiam folemne de eadem feftum in Ec-
cle-

clesia universali celebrandum instituerunt, tot tantisque privilegiis, & gratiis hoc ipsum cumularunt, ut veritas hujus impressionis denegari non possit, quin Ecclesiæ, ejusque supremi Pastoris auctoritas lædatur simul, aut denegetur. Opus proinde, in quo dum vera, & realis in corpore S. Francisci vulnerum impressio defenditur, & vindicatur, Ecclesiæ pariter, ac Summi Pontificis dignitas propugnatur, & asseritur, non alteri, ajebam, offerendum erat, quam ejusdem Ecclesiæ Purpurato Patri, quem pius in Beatum Franciscum affectus, fervensque Ecclesiasticæ auctoritatis, & disciplinæ zelus æque

com-

commendant. Ipsum igitur, Mæcenas amplissime, benigne respice, ac in perenne obsequentis animi argumentum clementer acci-

FR.

FR. PASCHALIS A VARISIO

Lector Emeritus, Catholicæ Majestatis in Regali Matritensi Congressu pro Immaculata Virginis Conceptione Theologus, ac totius Ordinis S P. N. Francisci Minister Generalis, Commissarius, Visitator Apostolicus, & in Domino Servus.

CUM opus, cui titulus *Veritas Impressionis Sacrorum Stigmatum in Corpore Seraphici S. Francisci &c.* a Reverendo Patre Flaminio Annibali de Latera Nostræ Observantis Provinciæ Romanæ Lectore jubilato compositum, a duobus PP. Theologis de Ordine nostro, quibus id commisimus, revisum, & approbatum fuerit, vigore præsentium facultatem eidem concedimus, quatenus, servatis servandis, illud typis mandare possit.

Dat. Romæ ex Aracœli die 6. Novembris Anno 1786.

Fr. Paschalis a Varisio Minister Generalis.

De Mand. Rmi in Chr. Patris
Fr. Jo. Ant. Ticinensis Secr. Gen. Ord.

DE mandato Revmi P. Paschalis a Varisio Ministri Generalis totius Ordinis Fratrum Minorum nos infrascripti diligenter examinavimus opusculum, cui titulus: *Veritas impressionis Sacrorum Stigmatum in corpore Seraphici S. Francisci* &c. ab Adm. Reverendo Patre Flaminio Annibali de Latera ejusdem Ordinis Lectore Jubilato compositum; & quoniam in eo nedum nihil castigatione dignum invenimus, magnam quinimo Auctoris eruditionem, sanamque Criticen admirati sumus, atque etiam adeo solide tum ab hæreticorum calumniis, tum a Criticorum quorundam phantasticis opinamentis veram realemque Sacrorum Stigmatum in corpore S. P. N. Francisci impressionem vindicatam perspeximus, ut nemo deinceps eamdem valeat in dubium revocare; idcirco prædictum opus adprobamus, maximumque ex eo bonum Christianæ Reipublicæ, ac Pietati accessurum censemus, si publicam in lucem prodierit.

Datum Romæ ex Aracœli nonis Novembris 1786.

F. Thomas Manni de Jerano S. T. Lector Generalis.

F. Gaudentius Patrignani de Coriano S. T. Lector Generalis

Quam

APPROBATIONES.

Quam turpiter labantur, qui neglectis artis Criticae regulis, ac, ne quid ad summam audaciam desit, publico Romanae Ecclesiae omnium Matris, & Magistrae judicio repudiato, Dominum Jesum Christum *frigescente mundo ad inflammanda corda nostra sui amoris igne in carne Beati Francisci Passionis suae sacra Stigmata renovasse* negant, facile intelliget, qui praeclarum Opus, cui titulus: *Veritas impressionis Sacrorum Stigmatum in corpore S. Francisci Assisiensis in luce posita, & a Criticorum quorundam opinionibus vindicata a Fr. Flaminio Annibali de Latera Ordinis Minorum Sacrae Theologiae Lectore Jubilato, & Observantiis Romanae Provinciae Alumno*, accurate perlegerit. In hoc enim Opere tanta eruditionis copia, tantaque argumentorum vi suscepta Sacrorum Stigmatum corpori S. Francisci Assisiensis divina virtute impressorum causa a doctissimo Auctore defenditur, ut rem plane conficiat, nullumque adversariis suis evadendi aditum relinquat. Quare Opus ipsum, quod quidem Reverendissimi Patris Fr. Thomae Mariae Mamachii Ord. Praed. Sacri Palatii Apostolici Magistri jussu expendi, quin aliquid a Catholicae religionis dogmatibus, rectaque morum institutione alienum in eo mihi occurrerit, publica luce dignissimum duco.

Romae in Coenobio Sanctae Mariae super Minervam xi. Kalend. Decemb. Anno MDCCLXXXVI.

Fr. Thomas Maria Soldatus Ord. Praed. Sac. Theol. Magister, ejusdemque in Collegio Germanico-Hungarico Professor.

IMPRIMATUR

Si videbitur Rmo P. Sacri Palatii Apost. Magistro.

Franciscus Xaverius Passeri Vicesgerens.

IMPRIMATUR

Fr. Thomas Maria Mamachius Ord. Præd. Sac. Pal. Apost. Magister.

PRÆFATIO.

SI ad compefcendos errores, pro temporum veritate glifcentes, calamum adhibendum effe, & veritatis amor, & fcriptores omnis ætatis abunde fuadent, erroneæ, quæ contra veritates nonnullas noftris hifce temporibus circumferuntur, opiniones intimè nos ad hoc ipfum impellunt, ut iftarum falfitate detecta, veritas, quam fub pietatis larva opprimere conantur, pro viribus defenfata triumphet. Inter veritates, quas noftra hac ætate fic quidam impetere audent, illa una eft de vera, ac reali in corpore S. Francifci Seraphici facrorum Stigmatum impreffione, cujus propterea feftum quoque, licèt a Romanis Pontificibus inftitutum, & ab Ecclefia univerfali receptum, atque hactenus celebratum, è medio tollunt, & ab Ecclefiæ Dypticis abradere præfumunt. Recentiores hi noftri, dum hæc & fimilia agunt, potius hæreticorum, criticorumque intemperantium imitatores, & afseclæ, quam tot illustrium Catholicorum virorum discipuli, videri volunt, ac magis in illorum scriptis degustandis, quam in istorum libris perlegendis, delectari, ut homines emunctæ naris, & peregrinæ habeantur eruditionis.

Paucis missis, qui post aliquot elapsos a morte S Francisci annos, cum nondum scilicet fama satis ubique vulgasset, Stigmatum prodigium Ecclesiæ auctoritate probatum esse, vel de ipsis non recte senserunt, vel eorumdem realitatem, in longinquis positi regionibus, inficiati sunt; omnium primi, qui maligno animo, & aperta fronte hæc nedum falsa, & ficta dixere, sed cachinnis etiam & dicteriis in eadem debaccati sunt, fuerunt ultimi temporis Novatores. Post hos, diverso tamen spiritu, de eisdem recte minime senserunt Catholici quidam critici, ad sobrietatem non utique sapientes, quibus non omnia Protestantium dogmata penitus displicuisse, in propriis tractationibus satis clarum exhibent argumentum.

Anno siquidem 1513. prodiit in Germania absque typographi, & auctoris nomi-

PRÆFATIO.

mine libellus, satyrico titulo inscriptus, *Alcoranus Nudipedum*, contra librum *Conformitatum* Fr. Bartholomæi de Pisis, anno 1578. iterum Genevæ impressus latino gallicoque idiomate, germano illo duplo major, & pestilentior, signatus, *Alcoranus Chordigerorum*. Ann. 1589. satyra hæc infamis tertio belgica lingua fuit excusa Dordraci Batavorum, notata, *Alcoranus Fratrum Minorum*, ut in Apologetico, impresso Antuerpiæ an. 1607. n. 1. ad Lectorem, advertit Fr. Henricus Sedulius, qui de anno primæ editionis prudenter dubitat, quoniam libelli concinnator Ministrum se jactat & Visitatorem, cum scilicet talis esse non poterat, quia Lutherus anno 1513. buccinam contra Romanam Ecclesiam nondum insonuerat, muniaque, & nomina hujusmodi adhuc suis non accomodaverat. Petrus Bælius in impio suo Dictionario Historico-Critico, tom. 2. Vocab. *François d'Assise*, Nota (I), præter editiones Alcorani a Sedulio recensitas, alias duas indicat in margine, unam ann. 1556. *citée per Du Verdier Biblioth.* pag. 858., alteram anno 1560.

1560. *a Geneve, chez Conrad Badius*. Hisce editionibus adhuc alia addenda est an. 1651. *Deventriæ typis Joannis Columbii*, quam nos præ manibus habuimus, cui titulus, *Alcoranus Francifcanorum*.

Maligni hujus operis auctor ab aliquibus habitus est aliquando Lutherus; at Sedulius a viro de istius grege, Erasmo scilicet Albero Brandenburgensi, ipsum agnoscit, simulque num. 10. scribit, calumniarum, & convitiorum plenas esse notas marginales, quibus Alcoranus conspurcatus est, ac S. Franciscum in eo vocari *Idolum stigmatizatum*, uti & nos ita esse conspeximus. Bælius ipse loco citato, exultans in rebus pessimis, & calumniis plaudens, hæc habet: „ Voiez l'Alcoran des
„ Cordeliers lib. 1. pag. 4. de l'Edition de
„ Geneve 1560. in 8. vous trouverez une
„ Note marginale bien satirique; elle est
„ conçue en ces termes: Quant aux stig-
„ mates de cette idole, les Jacobins disent
„ que ce fut S. Dominique qui les lui fit
„ d'une broche, étant survenu quelque
„ different entre eux comme il étoit caché
„ sous

„ sous un lit. „ In Nota (G) suo marte addit ibidem totius religionis irrisor, & eversor Bælius, jurgium die quadam inter duos Patriarchas exarsisse „ & que St. „ François s'etant refugié sous un lit, l'au- „ tre armé d'une broche la lui fourra cinq „ ou six fois dans le corps. „ Hæc è suo cerebro Bælius, cui illud idem respondetur, quod ipsemet de auctore prædictæ Notæ lepide scribit : „ L'Auteur de cette Note, „ est coupable pour le moins d'un trés „ grand peché d'omission. Il n'a cité per- „ sonne qui dise que les Jacobins content „ cela &c. „ Et Bælius sane, si diis placet, multos inventi hujus exhibet assertores, ac testes, imo tot omnino, quot profert auctor Notæ, unde risu excipiendus est una cum isto, utpote qui ambo sine veritate, & sine teste fumosi capitis deliria proferant, ac figmenta.

Post Açorani promulgationem nil Protestantibus frequentius fuit, quam ore & calamo S. Franciscum *idolum stigmatizatum* edicere, ejusque plagas tamquam a Minoritis excogitatas venditare. Theodorus us Beza in cap 6 Epist. ad Galat. virum Seraphicum, Stigmatibus insignitum, vocat *horrendum stigmaticum idolum*, ut de eo adnotant Cornelius a Lapide in eumdem Apostoli locum, & Theophilus Raynaudus tom. 13. *de Stigmatismo sacro, & prophano* cap. 7. dicens : *Spurcus Beza omnibus tetris notis inustus, cui S Franciscus est idolum stigmaticum horrendum, ejus vero vulnera figmenta*. Centuriatores Magdeburgenses Centur. 13. cap. 10 de Summo Pontifice Alexandro IV. S. Francisci vulneribus testimonium, ut audiemus, invictissimum perhibente, hæc ajunt : *Figmentum monasticum de Francisci Stigmatibus sua auctoritate confirmavit . ita quidem, ut ea se vidisse constanter affirmarit . Commentum monasticum, quo toti terrarum orbi Minoritæ imposuerunt*. Tandem, Stigmatum historia cum S. Bonaventura descripta, ita concludunt : *Ludibria hæc fuerunt, impressa a spiritu superstitionis auctore .... Aliis quoque hæc per peculiaria quædam miracula innotuisse, sine fronte mentiuntur, quæ recensere animus non est. Ipse demum Alexander IV. Pontifex*

PRÆFATIO.

tifex publice se oculis ea suis conspexisse non veritus est dicere. Editor quoque *Alcorani Franciscanorum*, Deventriæ impressi, ut supra, sic titulum hunc exponit: *id est, blasphemiarum, & nugarum Lerna, de Stigmatisato Idolo, quod Franciscum vocant, ex libro Conformitatum.*

Eadem ferme habet PhilippusMornæus, & ipse Lutheranus, pag. 345. *Historiæ Papatus*, quam ipsemet, non in suo, sed in nostro sensu optime interpretatur *Mysterium iniquitatis*. Hæreticum hunc egregie confutavit Leonardus Coquæus Heremita Augustinianus in *Antidoto contra progressum sexagesimum primum* tom. 2., ubi ex pag. 508. ejusdem Mornæi, aliud etiam signat istius mendacium, institutorem festi sacrorum Stigmatum indicare volentis. *Balæus*, inquit laudatus Raynaudus loco citato, *scriptorum omnium miserrimus, ita & impudentissimus, in Catalogo scriptorum Angliæ in Appendice ad num. 37. Centuriæ tertiæ, narrationem de S. Francisci Stigmatibus fabulosum portentum appellat.* Franciscus Turrianus in Apologetico apud eumdem Ray-

PRÆFATIO.

Raynaudum ibidem, hæc refert Petri Bequini verba: *Paulus Christum crucifixum & animo circumtulit, & voce exposuit, ac pinxit, & vita sic expressit, ut ejus etiam in sua carne circumferret stigmata, non picta, aut ficta, ut: Franciscanum idolum, sed in omnibus suis partibus impressa*. Hæreticis his adcensendi sunt Petrus Bælius, & Jacobus *le Fevre d' Etaples*, ambo Stigmatum S. Francisci hostes acerrimi; primus enim in Dictionario, præter jam allata, hæc quoque scribit: „ Une des plus grandes singu-
„ laritez de François d' Assise est, qu' on
„ pretend que Jesus-Christ lui imprima les
„ marques de ses cinq plaies. Les Moines
„ de son Ordre content mille & mille mer-
„ veilles sur ce sujet. Ils ont obtenu la
„ permission de consacrer une fête á ces
„ saints stigmates, & d' en réciter l' Offi-
„ ce „. De hoc officio vero, & Stigmatum festo, eodem Bælio referente, *le Fevre* in versum 17. capitis sexti Epist. ad Galat. scribit, superstitiosum esse, & damnabile, quod judicium approbans impius relator, ita prosequitur: „ La superstition
„ de

PRÆFATIO.

„ de cette fête a quelque chose de conta-
„ gieux; elle est fort capable de jetter dans
„ l'illusion les ames devotes; les Prédi-
„ cateurs se rendent si pathétiques ce jour-
„ là, & debitent des imaginations se guin-
„ dées, qu'ils sement l'enthousiasme, &
„ l'extase dans plusieurs cerveaux &c. „

Ex quo Novatores S. Franciscum di-
xerint *idolum Stigmatizatum*, inter bardos,
& suos prædicare non cessant, Minoritas
æquiparare Christo crucifixo proprium parentem, hujus vulneribus exornatum,
quod quam falsum sit, & malignum in eo
rum sensu, totus mundus judex est, ac
testis verax. In primis Lutherus furiose,
pro suo more, insurgens in librum *Conformitatum* Bartholomæi Pisani, stulte & ca-
lumniose scribit in *Præfatione*, eumdem librum tanti fecisse Pisani confratres, ut ab
his *habitus sit loco Evangelii, & ipse Franciscus loco Christi obtrusus*. A magistro
cantum didicere discipuli, qui Alcorani titulum sic etiam interpretantur : *Epitome
præcipuas fabulas, & blasphemias comple-
ctens eorum, qui B. Franciscum ipsi Christo*

æqua-

æquare ausi sunt, excerpta ex amplo *Conformitutum libro*. Imo auctor præcitatus edidtionis Deventriensis *Alcorani Franciscanorum*, in epistola prævia *Christiano Lectori* hæc impudentissime scribere audet : *Ex Christo Domino nostro figuram solum ac typum Francisci faciunt, hoc est, Christus est servus, Franciscus vero Dominus ejus .... Ex hoc Christo Domino nostro Monachi servi figuram faciunt, ac collocant Franciscum longe supra Christum.... Franciscum ut verum Messiam, Mediatorem, Advocatum, ac Patronum invocant, & vitam æternam ab ipso petunt.* Sed quis, cui sanum sicciput, insana hæc, & maligna hæreticorum figmenta non rideat, simulque non vituperet Julii Cæsaris Scaligeri ignorantiam, qui in *Poeticis*, cum Alcorani auctore, licet superbus, & invidus non minus quam Joseph filius, hæc plagiarius fidissimus canere non dubitavit ?

> *Hoc restabat, ea Francisci imagine*
> *Christum*
> *Redderet. O lector! Christus hic alter*
> *erit.* Sed

Sed magis vituperandi funt Catholici illi, qui eadem a Proteftantibus mutuati, fcriptis etiam tradiderunt, ut auctor differtationis gallicè confcriptæ ,, Sur l' Infcription ,, Du Grand Portail Du Couvent des Cor- ,, deliers de Reims ,, *Deo Homini*, *& B. Francifco, utrique Crucifixo*, quam infcriptionem appofuit P. *Le Franc* ejufdem Cænobii incola. Huic diſſertatori concinit recentior quidam in *Collectione Opufculorum*, *Religionis utilitatem*, ut ipfe vult, *concernentium*, ac tom. 9. hujus collectionis eamdem affert diſſertationem italicè verſam, eftque ejufdem tomi *Opufculum Secundum*. In prima Nota celebrat collector diſſertatorem, quem non Adrianum Baillet, ut olim credidere nonnulli, fed fuiſſe Joannem Baptiftam Thiers, ex Dictionario Hiftorico Auctorum Eccleſiafticorum nos docet. In alia Nota ad cap. 1. pag. 78. addit ex proprio innato genio collector, S. Francifcum fuis Chrifto crucifixo æquiparari, eo quod in ftemmate proprii Ordinis duo exhibeant cancellata brachia, nudum unum, veftitum alterum, Chrifti primum, S. Francicisci secundum, Crucem intra se medietate habentia, quorum utraque manus rubra cicatrice obducta est.

Hæreticorum finis in tot calumniis excogitandis, & vendendis unus est præcipuus, eorumque singulis communis, nimirum scilicet vel ex hoc uno, a sæculo inauditorum Stigmatum prodigio, totum reformationis ædificium destrui, ac velut a fundamentis ruere videant. Cum namque Ecclesia Romana longe ante S. Francisci exitum a Christo, ut ipsi blaterant, ita defecisset, ut nec veritas, nec vita, Seraphico viro in terris agente, in ea inveniri, vel assequi possent, unanimi consensu pernegare decreverunt, tam illustre prodigium in medio Ecclesiæ, per ipsos reprobatæ, contigisse, & quidem in Viro eidem, ejusque supremo Capiti addictissimo. Timebant enim ne quis contra eos ita argumentaretur: Si Ecclesia Romana S. Francisci ætate erat illa Babylon, ut vos prædicatis, in Apocalypsi descripta, in qua gratiam & gloriam nemo assequi poterat, a Christo jam reprobata, ac derelicta, cur est, quod ejus

filio-

stichum unus, Seraphicus nempe Franciscus, ipsimet Ecclesiae summe devotus tali gratia ab eodem Christo donatus fuit, ut etiam propria Stigmata ei visibiliter impresserit? Hoc adeo torsit haereticorum cranium, ut cum alia via a vexatione liberari non possent, hanc invenerunt expeditiorem, gratis videlicet asserendi, vulnera S. Francisci Seraphici vel ficta fuisse, & a fratribus excogitata, vel Diaboli fuisse illusiones, ut ajunt Magdeburgenses, quo certe nil facilius, aut expeditius dici potest, cum Neminem latet, Protestantes ad simplicium deceptionem plenis buccis quotidie resonare, Ecclesiam Romanam ideo praecipue a vera fide excidisse, quia exercet, ac fovet idololatriam in cultu, & veneratio ne Sanctorum. Cum itaque horum omnium Imagines, & Reliquias habeant ipsi pro idolis, de S. Francisco hoc unum addunt, quod sit *idolum stigmatizatum*, quia signaculis Passionis Christi notatus exprimitur. Hic non est locus, hanc eorum retundere calumniam, centies a Catholicis validissime confutatam, ac dicimus tantummodo, Da-
læum

læum quoque, Calvini affeclam. fuorum de hac ipfa re ignorantiam exprobraffe. Docens hic in *Apologia* quo cultu Sancti colantur in Ecclefia Romana, hunc approbat veluti juftum, & rationabilem dum ita fcribit: *Ea ipfa Roma, de qua querimur, fere nobifcum fentit; quamvis enim nonnullis creaturis magnos ea præftet honores, hoc tamen femper agnovit, quamdam effe cultus fpeciem, qui nulli debet, nec poteft, præterquam Deo, præftari, illeque eft, quem communi fatis vocabulo Latriæ cultum appellat, quo diftinguatur a ceteris fpeciebus, queis alterum, qui Deus non fit, coli poffe putat.*

Quid mirum infuper fi hæretici tam acriter infectentur S. Francifci Stigmata, cum ipfi, ob rationem defuper adductam, omnia miracula recenfita in hiftoria Ecclefiæ Romanæ jam lapfæ, ut ipfi calumniantur, ficta, & imaginaria effe proclament? Bellarminus tom. 2. lib. 4. cap. 14., quod eft *De Notis Ecclefiæ*, harum undecimam ponit *gloriam miraculorum.* Ad hæc rident Novatores; licet a Venerabili Cardinali

ibi-

PRÆFATIO.

ibidem egregie devicti, & cum horum ne unum quidem indicare possint a propriæ reformationis auctoribus patratum, quod ad proprium Apostolatum confirmandum, si fuisset a Deo, operari debuissent, desperatione ducti, scriptis & ore garriunt, *ex miraculis non sumi argumentum firmum ad probandam veram fidem*. Addunt vero cum Calvino in *Præfat. Instit.*, & cum Magdeburgensibus in singulis Centuriis, *miracula Sanctorum nostrorum vel esse ficta, vel imaginaria, idest, vel non ita contigisse, & falso narrari ab historicis, vel si contigerunt, esse præstigias dæmonum*. O infelix astutia! Scriptura, quam ipsi unam audire, ac sequi gloriantur, nonne apertissime docet, virtutem efficiendi miracula prædicatoribus veræ fidei, & Ecclesiæ suæ ministris a Christo fuisse collatam? *Convocatis duodecim Apostolis*, habetur Luc. 9. v. 1. *dedit illis virtutem, & potestatem super omnia dæmonia, & ut languores curarent. Et misit illos prædicare regnum Dei, & sanare infirmos*. Facultas prædicandi Evangelium una cum virtute patrandi miracula hic a

Chri-

Chrifto fimul juncta conceditur; unde & Marci 16 hæc ab eodem Redemptore dicta leguntur: *Signa autem eos, qui crediderint, hæc fequentur: In nomine meo dæmonia eiicient; linguis loquentur novis; ferpentes tollent; & fi mortiferum quid biberint, non eis nocebit; fuper ægros manus imponent, & bene habebunt.* De Sanctis Apoftolis, & prædicatoribus veritatis hæc dicta effe, quæ fequuntur, verba aperte declarant: *Illi autem profecti, prædicaverunt ubique, Domino cooperante, & fermonem confirmante, fequentibus fignis*, quorum multa in Actibus Apoftolorum a S. Luca recenfentur. Quid plura? Ipfemet Chriftus Joann. 14. v. 12. de iis, qui credituri erant in eum, non ne dixit: *Qui credit in me, opera, quæ ego ipfe facio, & ipfe faciet, & majora horum faciet?* Ita fane. At fi reformatores credebant in Chriftum, ejufque habebant veram fidem, & fanam doctrinam annuntiabant, cur non fecerunt opera Chrifti, fcilicet miracula? Et fi hæc de fuis fidelibus dixit ipfa Veritas, & Magifter, cur ipfi tradiderunt, eorumque factiofi prædicant,

mi-

PRÆFATIO.

miracula non esse tesseram veræ fidei, & ab istis non sumi argumentum firmum ad hanc probandam?

Virtus miraculorum, Ecclesiæ ab ejus institutore impertita, in eadem perdurare debet usque ad ipsius consummationem, & sæculi finem, cum ab eo data fuerit in signum veritatis, ad infideles miraculorum luce omni tempore illuminandos, & fideles opportune reficiendos, & in veritate confirmandos. Aperte id tradit Apostolus 1. ad Corinth. cap. 12., ubi ait, quod Deus inter alios posuit in Ecclesia etiam illos, quibus dedit *gratias curationum, genera linguarum*. Idem Apostolus, ut superius dicta confirmemus, 2. ad Corinth. c 12. non probat veritatem suæ missionis ex prodigiis per ipsum a Deo patratis, dicens: *Signa Apostolatus mei facta sunt super vos in omni patientia, in signis, & prodigiis, & virtutibus?* Tandem idem Christus ad confirmandam suam cælestem doctrinam, & divinitatem Joann. 10. non utitur argumento miraculorum, sic Judæos perstringens: *Si mihi non vultis credere, operibus credite?*

Aper-

PRÆFATIO.

Apertissima sunt scripturæ verba. *At si ex miraculis non sumitur argumentum firmum ad probandam veram fidem*, cur Paulus hæc ipsa profert in testimonium sui Apostolatus, & cur Christus hæc palam operari non destitit, ac signa esse dixit illorum, qui in eum credituri erant, objecitque Judæis in tanta eorumdem luce minime credentibus? Hæretici nihilominus miraculis fidendum non esse contendunt, quæque in Ecclesia Romana patrantur, vel ficta, vel imaginaria esse proclamant, & si quæ veri speciem habere concedunt, dæmonis arte fieri mentiuntur, quemadmodum de S. Francisci Stigmatibus eos credere, & evulgare intelleximus.

Sed ratio, cur ita obloquantur, est, ut innuimus, desperatio, ad quam eos impulere proprii Antesignani, qui cum ad suam extraordinariam missionem probandam portentum nullum edere potuerint, quamvis id non una vice tentaverint, ne quis ex hoc inferret, eam non fuisse a Deo, quia signis, ut illa Pauli, & aliorum, minime firmatam; contra evidentiam Scriptuturarum clamare cæperunt, miracula non esse argumenta firma veræ fidei. Hunc Magistrorum canonem amplectentes discipuli, idipsum edocere non cessant, cum illis addentes, quæ in Ecclesia nostra eveniunt portenta falsa esse, & conficta, ut sic nobis auferant arma, seque a pressura liberent, & a laqueis extricent. Catholici e contra gloriantur de miraculis, quæ Deus inter ipsos operari dignatur per eorum nonnullos, quos illibata vita commendat, dumque hæc, atque illud Stigmatum S. Francisci admirantur, & extollunt, cum S. Augustino lib. de Utilit. credendi cap. 17. lætantur, *se teneri in Ecclesia etiam vinculis miraculorum*. Novatoribus autem, diabolica vi hæc fieri dicentibus, reponunt, etiam de Christo basphemasse Judæos, ipsum *in Beelzebub principe dæmoniorum eiicere dæmonia*.

Ipsi Catholici, qui diabolicas artes, & incantationes non minus certe, quam Protestantes, detestantur, cum in eorum communione prodigia a Deo per aliquem fieri conspiciunt, hujus vitam expendunt,

& si

& si hæc virtutibus exornata resplendeant, tunc illud Nicodemi Christum alloquentis usurpant: *Nemo potest hæc signa facere, quæ tu facis, nisi fuerit Deus cum eo.* Hujus rei testis est omni exceptione major Sacrorum Rituum Congregatio, quæ dum agit de Catholicorum aliquo inter Sanctos, vel Beatos adscribendo, prius de istius moribus diligentissime inquirit, ejusque vitam, an fuerit Evangelio perfecte conformis, longa & scrupulosa indagine dijudicat. Si hæc talis, & quidem in gradu summo, sive, ut ajunt, heroico, probari nequeat, ulterius in ejus causa non procedit, nec dignum putat, qui Beati, vel Sancti titulo decoretur. Si vero de excellenti ejusdem virtute, in qua sanctitatem, & perfectionem consistere credit, tutissima evadit, tunc ad prodigia per ipsum patrata excutienda descendit, tamque rigide & exacte agit in hac re, ut ex pluribus miraculis à Postulatoribus exhibitis duo tantum vel tria utplurimum approbet ut vera, quandoque vero etiam cuncta absolute rejiciat, si horum nullum eas notas habere dignoscat;

ut

PRÆFATIO.

ut citra omne dubium dici possit: *Digitus Dei est hic.* Et denique in re tam gravi se gerit Ecclesia Romana circumspectione, & diligentia, ut Muratorius de Ingen. moderat. lib. 1. cap. 17. hæc asserere non dubiaverit. *Ritus canonizationis, ab Apostolica Sede so nunc peragitur accurato, diligentique studio, ut pie credendum sit, nullum ea in re errori locum fuisse, aut deinceps futurum.* II. Post hæreticos ex nostris nullum adhuc invenire potui, qui aperte negarit S. Francisci stigmata, aut qui falsa, & conficta ea dixerit, præter Italum quemdam, auctorem libri inscripti, *Reflexiones Italicujusdam super Ecclesium in genere, super Clerum tam Regularem, quam Sæcularem, super Episcopos, & Romanos Pontifices, & super juris Ecclesiastica Principum.* In hoc opere, edito anno 1768., impressionem Stigmatum in corpore S. Francisci moderatissimus auctor vocat *solemnem, & indubie fabulam, apertissimum mendacium.* Etiam in Dictionario Domini *Richelet*, impresso Rhotomagi 1710. apud Viduam Francisci *Voultier*, Vocab. *Stigmata*, legitur:

tur: *Gloriosa Stigmata S. Francisci. Creditur quod sint fabula*, quæ ultima verba in alia nulla extant hujus Dictionarii editione, nec quidem in Genevensi. Præter hos, inquam, Catholicos, horum nullum deprehendi, qui vulnera S. Viri absolute inficiatus sit. Quotquot enim Catholicorum de insigni hoc portento haud recte senserunt, quoad modum tantummodo peccavere, ea cum veteribus aliquibus ab imaginatione, jugi, & valida meditatione Passionis Christi succensa, repetentes. Horum unus fuit Franciscus Petrarcha, qui lib. 2. de Vita Solitaria cap. 11. loquens de S. Francisci Stigmatibus, eadem vocat *stupendum insigne sacrorum Stigmatum*; sed lib. 8. Epist. senil. In tertia, quæ est *ad Thomam de Garbo Medicum Florentinum*, eorum impressionem tribuit imaginationi, sive, ut ipse scribit, *opinioni*. Ejus verba sic refert Summus Pontifex Benedictus XIV. de Servor. Dei Beatif. & Beator. Canoniz. lib. 4. part. 1. cap. 33. num. 19. *Profecto Francisci Stigmata hinc principium habuere: Christi mortem tam jugi, & valida meditatione complexus est, ut

cum

PRÆFATIO.

cum eam in se jam dudum animo transtulisset, & cruci affixus ipse sibi suo cum Domino videretur, tandem ab animo in corpus veram rei effigiem pia transtulit opinio.

Petrarchæ adhæsit Petrus Pomponatius, qui prius anceps, ut ait Raynaudus jam citatus, an S. Franciscus vere & realiter fuerit Stigmatibus insignitus, hæc tandem imaginationi & ipse adscripsit lib. de Incantationibus cap. 6. in proposit. Dubii Octavi. *Homuncio iste*, ut de eo loquitur Lucas Guerricus Schemat tract. 4. *corpore nanus, & spiritu deformior*, ac nullius religionis vir, ex testimonio Elidæi Medici, ipsius Pomponatii discipuli, qui aliquando interrogatus de Magistri fide, sine hæsitatione respondit: *Atheus est*, a phantasia S. Francisci vulnera recentiorum primus agnovit. Hinc propterea, sicuti ex Daniele Georgio Morofi Polyhistor. tom. 2. lib. 1. cap. 2, omnium subsequentium Atheorum Doctor fuit, utpote qui his omnibus argumenta suppeditaverit, quidquid contra scribat Bælius in Apologia frustra pro ipso adornata, ita & omnia intemperantium

Cri-

Criticorum postremæ ætatis, contra Stigmata S. Francisci, fuit Magister. Ipsum namque sequuti sunt Adrianus *Baillet* in Vita S. Francisci, & Joannes Baptista *Thiers* in dissertatione superius indicata. Horum primus adeo subdole, & artificiose de eis verba facit, ut dubium ingerat lectoribus de eorumdem veritate; cumque addat, visum esse S. Francisco, longa macie & pænitentiis consumpto, crucifixum Seraphim intueri, non obscure declarat, hujus vulnera apud ipsum mystica tantum, & spiritualia fuisse. Alter vero cap. 8. circa finem ipsa repetit ab amoris vi, dicens: *Clavi S. Francisci, non fuerunt nisi clavi sancti amoris, quibus uniebatur Christo, & lancea nil fuit aliud, quam charitatis flamma, quæ ipsum adurebat*; licet postmodum & ipse *Thiers* in Bailleti sententiam aperte descendat. His addi possunt Simonius, Dupinus, *& fortia quædam ingenia*, ut verbis utar præcitati Raynaudi, *quæ sub nomine Catholico occulentia indignam Ecclesiæ filiis capitositatem, sacris B. Francisci Stigmatibus obstrepuerunt*. At de his omnibus opportune in
hoc

hoc opere erit sermo, ubi eorum opinionem falsam, & revera phantasticam esse demonstrabimus.

Antequam vero id agamus, realitatem Stigmatum S. Francisci prius contra hæreticos, & alios indicatos, eadem absolute negantes, ostendemus argumentis juxta criticen validissimis, eo distributis ordine, quem ipsamet rei natura exigere videbitur. Quamvis autem hæc Criticorum quoque intemperantium simul exsufflent opinamenta, nihilominus peculiaribus rationibus postea videbimus, illa nec phantasiæ vi, nec ulla humana industria, vel arte, ut hi sine probationibus evulgant, imprimi potuisse. Breviter subinde quidquam de festo eorumdem Stigmatum attingemus, ac istud superstitionem, ut eorum aliqui delirant, nec esse, nec dici posse palam faciemus. Denique probabimus, quod hæc impressio, etsi vera fuerit, & materialis, ut a nobis pie creditur, & affirmatur, non proinde tamen S. Franciscum Christo crucifixo in sensu, quo hæretici, & alii cum istis maligne calumniantur, æquiparamus.

Hæc

INDEX.

CAPUT I.
Impressio Stigmatum in corpore S. Francisci Seraphici asseritur ab auctoribus coævis, &c. Pag. 1

CAPUT II.
Impressio Stigmatum in corpore S. Francisci in luce ponitur ab auctoribus quasi coævis &c. 21

CAPUT III.
Impressio Stigmatum in corpore S. Francisci testibus demonstratur, qui eadem dum Sanctus viveret vel oculis viderunt, vel manibus palparunt. 40

CAPUT IV.
Impressio Stigmatum in corpore S. Francisci comprobatur testibus, qui ea pariter & viderunt, & palparunt in ejus morte. 60

CAPUT V.
Impressio Stigmatum in corpore S. Francisci ex iis, quæ in ejus Canonizatione acta fuerunt, invictissime probatur. 74

CAPUT VI.
Impressio Stigmatum in corpore S. Francisci aucto-

VERITAS IMPRESSIONIS SACRORUM STIGMATUM IN CORPORE SERAPHICI S. FRANCISCI ASSISIENSIS

CAPUT I.

Impressio Stigmatum in corpore S. Francisci Seraphici asseritur ab auctoribus coaevis, qui non obiter, sed consulto horum historiam descripserunt.

CUM factum historicum ab auctorum testimonio pendeat, quo isti aetate aut parum, aut longe distant ab eodem facto, eo majoris, vel minoris momenti probationem suppeditant, Criticis fatentibus universis, qui proinde recte concludunt, testem oculatum, et contemporaneum audiendum esse prae alio, qui aliquibus dumtaxat post factum, quod narrat, annis, vel saeculis floruit. Ut de solo teste contemporaneo hic loquamur, ,, testimonium auctoris

,, ris, contemporanei, ,, inquit P. Honoratus a S. Maria tom. 1. differt. 7. art. 9. §. 1. regul. 4. ,, anteferendum est testimonio do-
,, ctorum, qui pluribus annis, itemque sæ-
,, culis a re distant, quia priorum testimo-
,, nium accuratius videtur esse, quamvis
,, posteriores majore sint nomine, et digni-
,, tate ,, . Hæc regula eo vel maxime viget, et vim obtinet, si auctor coævus probitate, et integritate pollens ,, factum referat ,, scribit Carolus Leshius apud eumdem Honoratum ibid. differt. 3. art. 1. ,, quod fuerit
,, compertum, ac sensibus ita patens, ut de
,, eo aures, atque oculi ipsi judicium ferre
,, potuerint, publicum item, quodque in
,, orbis totius conspectum venerit. Neque
,, enim fit credibile ,, addit Honoratus in præcitata differt. 7. art. 9. §. 1. reg. 3. ,, alicujus in-
,, tegritatis hominem tanta fuisse impuden-
,, tia, ut aliis obtrudere facta voluerit, quæ
,, aperire potuerint scriptores ejusdem ævi,
,, et planum facere, illa nihil magis esse, quam
,, figmenta. Unde etiam Melchior Canus de loc. theolog. lib. 11. cap. 6. ait: ,, Prima
,, lex ex hominum probitate, integritateque
,, sumetur, quæ omnino res locum habet,
                                    ,, cum

„ cum quæ narrant historici, ea vel ipsi se
„ vidisse testantur, vel ab his, qui viderunt,
„ accepisse. Et ratio est„ subdit Mabillonius de stud. Monast. tom. 1. part. 2. cap. 8.
„ quia ex hac probitate illi impotentes fiunt
„ ad homines aliquando sponte fallendum,
„ asserendo nempe, gestum aliquod se vi-
„ disse, quod tamen ipsosmet penitus la-
„ teat„. Hinc propterea Critici omnes, universa hæc paucis complectentes, caute ad-
vertendum esse nos admonent, quo sæculo,
qua ratione, quo animo scripserit auctor,
cujus in rebus historicis utimur testimonio,
sique iis aut personis, aut rebus, de quibus
agit, synchronus sit, eique ut credamus admittunt, si facto, quod narrat, sit ipse coævus, illudque referat sincero animo, et veritatis amore, quæ duo, tum bona, quæ
gaudet, fama, tum narratio ipsa simplex,
et plana haud obscure probabunt.

Scriptores coævos, ac reliquos omnes,
qui de S. Francisci Stigmatibus testimonium
perhibent, homines fuisse probos, et inte-
gros, ex dicendis tum in hoc, tum in sequentibus capitibus, abunde constabit, ac
etiam apparebit, eorum plurimos factum

enarrare sensibus patens, et publicum, quod vel ipsi viderunt, vel a testibus oculatis audierunt. Bollandiani die 4. Octobr. de S. Francisco Confessore §. 1. num. 1. præcipuos hujus vitæ Scriptores referentes, hæc habent: „ Primus omnium ejus vitam con-
„ scripsit ex præcepto Gregorii IX., a quo
„ Legenda ipsa denominata, Thomas Celanus, Provinciæ Pennensis, nunc S. Bernardini dictæ, Sancto Patri familiaris, a
„ quo, vel a Sociis, accepit cuncta quæ
„ retulit. Secundus venerabilis Dominus
„ Joannes de Ceperano, Notarius Apostolicus, in Sanctum Virum summe propensus. Tertius Anglicus quidam Legendam illam Celani ad metrum gravis, et docti carminis heroici reduxit. Quarto diffusius ejus acta retulerunt Socii Tres, Leo, Angelus, et Ruffinus, ex præcepto Ministri Generalis fratris Crescentii. Quinto de ejusdem mandato prænominatus Celanus ampliorem, quam ante, scripsit Sancti Viri historiam, cui secundam addidit partem, ita præcipiente Joanne Parmensi Ministro Generali, atque hæc illa, quæ communiter nuncupatur *Legenda an-*
„ *ti-*

„ *tiqua*. Sexto gravem, et candidam ex om-
„ nibus Legendam contexuit S. Bonaventu-
„ ra, id rogante univerſo ferme ſodalitio:
„ deinde breviorem concinnavit aliam, quæ
„ diſtribuitur per Officium recitandum in
„ ſolemnitatibus S. Franciſci. „ Hæc ex
Waddingo ad ann. 1230. num. VII. edit.
Lugdunen. Bollandiani, qui de vita a Celano conſcripta ibid. num. 3. addunt: „ Præ-
„ clara admodum vita eſt, ſcriptorem præ-
„ ferens doctum, et pium;„ ac de eodem,
deque Joanne a Ceperano, ſcribit etiam
Bernardus de Beſſa, jam S. Bonaventuræ
Secretarius, in lib. de Laudib. beati Franciſci, qui aſſervatur in Regio MS. Codice
Taurinenſi K. III. 12. fol. 95.ᵃ col. 1. ubi
legitur: „ Plenam virtutibus beati Franci-
„ ſci vitam ſcripſit in ytalia exquiſite vir
„ eloquentie frater thomas, jubente dompno
„ gregorio papa nono; et eam, quæ inci-
„ pit, *Quaſi ſtella matutina*, vir venerabi-
„ lis dompnus, ut fertur, johannes apo-
„ ſtolice ſedis notarius „. Imo Celani Legendam breviorem reddidit ipſemet Bernardus de Beſſa; nam in Chronico viginti quatuor Miniſtrorum Generalium ſic habetur:
„ Quam

"Quam Legendam Fr. Bernardus a Beſſa ad
"compendioſiorem formam reduxit, et in-
"cipit: "*Plenam virtutibus*. Inſuper idem
Celanus de ſuamet integritate ſatis clarum
argumentum exhibet in Prologo, quem ſic
exorditur: "Actus, et Vitam beatiſſimi Pa-
"tris noſtri Franciſci pia devotione, veri-
"tate prævia, et magiſtra, ſeriatim cupiens
"enarrare, et quia omnia, quæ fecit, et
"docuit, nullorum ad plenum tenet memo-
"ria, ea ſaltem, quæ ex ipſius ore audivi,
"vel a fidelibus, et probatis teſtibus intel-
"lexi, jubente Domino, et glorioſo Papa
"Gregorio, prout potui, verbis licet im-
"peritis, ſtudui explicare.

Hos igitur teſtes coævos, qui S. Franciſcum et viderunt, et cum eo converſati ſunt, prius audiemus, quæque hi, Celanus videlicet, Joannes de Ceperano, Treſque Socii ejuſdem beatiſſimi Patris de impreſſione, et natura ſacrorum Stigmatum enarrant, in præſenti capite referemus., S. Bonaventuræ, aliorumque teſtimonium ad ſubſequentia reſervantes. Celanus itaque apud Bollandianos præfatos num. 540. et 541. ſic de S. Franciſci Stigmatibus narrationem in-

stituit: „ Faciente ipso moram in Eremito-
„ rio, quod a loco, in quo positum est,
„ Aumna (Alverna) nominatur, duobus an-
„ nis antequam animam redderet coelo, vi-
„ dit in visione Dei virum unum, quasi Se-
„ raphim, sex alas habentem, stantem su-
„ pra, manibus extensis, ac pedibus con-
„ junctis, cruci affixum..... Cumque li-
„ quido ex ea visione intellectu aliquid non
„ perciperet, et multum ejus cordi visio-
„ nis ejus novitas insideret, cæperunt in
„ manibus, et pedibus ejus apparere signa
„ clavorum, quemadmodum paulo ante vi-
„ rum sanctum supra se viderat crucifixum.
„ Manus, et pedes ejus in medio clavis
„ confixi videbantur, clavorum capitibus in
„ interiori parte manuum, et superiori pe-
„ dum apparentibus, eorum acuminibus
„ existentibus ex adverso. Erant enim signa
„ illa rotunda interius in manibus, exterius
„ autem oblonga, e caruncula quædam ap-
„ parebat, quasi summitas clavorum retor-
„ ta, et repercussa, quæ carnem reliquam
„ excedebat. Sic et in pedibus impressa
„ erant signa clavorum, et a carne reliqua
„ relevata. Dextrumque latus, quasi lancea
„ trans-

„ transfixum, cicatrice obducta (obductum)
„ erat. „ Idem Celanus in laudem Seraphici Parentis composuit et Sequentiam Missæ sic incipientem, *Sanctitatis nova signa*, nunc antiquatam, in qua ad rem nostram canebatur:

Sacrum corpus consignatur.
Manu, pede vulneratur,
Dextrum latus perforatur,
Cruentatur sanguine.
. . . .
Patent statim miri clavi,
Nigri foris, intus flavi,
Pungit dolor pœna gravi,
Cruciant aculei.

Joannes de Ceperano apud eosdem Bollandianos ibid. num. 544. post descriptam iisdem ferme Celani verbis Viri crucifixi apparitionem, ita prosequitur: „ Appare-
„ bant in manibus ejus, et pedibus quasi
„ fixuræ clavorum; latusque ipsius dexte-
„ rum veluti lancea perforatum ..... Ta-
„ libus in se, Vir Dei, resultantibus mar-
„ ga-

„ garitis, studuit summopere pretiosissimum
„ illum thesaurum, qua speciali illum Do-
„ minus prærogativa ditaverat, ab omnium
„ omnino viventium oculis conservare re-
„ conditum, ne quod vel minimum, con-
„ scii cujusquam familiaritatis occasione for-
„ tassis incurreret detrimentum. „ Tres vero Socii visionem Viri crucifixi et ipsi referunt, ac subinde hæc addunt: „ Qua vi-
„ sione disparente, admirabilis in anima ip-
„ sius remansit ardor amoris, sed in carne
„ ejus mirabilior apparuit impressio Stigma-
„ tum Domini nostri Iesu Christi, quæ Vir
„ Dei pro posse abscondit usque ad mortem,
„ nolens publicare Domini Sacramentum.
„ licet hæc (hoc) penitus celare nequive-
„ rit, quin saltem familiaribus sociis fuerit
„ manifestum. Sed post felicem ejus transi-
„ tum omnes fratres, qui aderant, et sæcu-
„ lares quamplurimi manifestissime viderunt
„ corpus suum (ejus) Christi Stigmatibus
„ decoratum. Cernebant enim in manibus,
„ et pedibus ejus, non quasi clavorum pun-
„ cturas, sed ipsos clavos ex ejus carne
„ compositos, et eidem carni innatos, fer-
„ ri quoque nigredinem: dexterum vero la-
„ tus

„ tus quasi lancea transfixum, verissimi ac
„ manifestissimi vulneris rubea cicatrice erat
„ obtractum.... Quorum Stigmatum infringibilis veritas non solum in vita, et in
„ morte ejus per visum, et contactum potentissimum luculenter apparuit, verum
„ etiam post mortem ipsius per multa miracula, in diversis mundi partibus ostensa, Dominus ipsam veritatem clarius patefecit „. Hactenus laudati Socii, quorum duo, ut audiemus, Stigmatum eorumdem testes oculati fuerunt, Leo scilicet, et Ruffinus, quos vitam Seraphici Patris una cum Angelo explevisse tertio idus Augusti 1246. constat ex eorum epistola data Ministro Generali Crescentio, in qua, eidem vitæ præfationis loco deinde præfixa, et relata a Waddingo ad ann. 1244. num. XL. sic se exprimunt: „ Visum est nobis, qui secum,
„ licet indigni, fuimus diutius conversati,
„ pauca de multis gestis ipsius, quæ per
„ nos vidimus, et per alios scire potuimus,
„ veritate prævia intimare. „

Etiam frater Elias hic locum habet, testis & ipse nedum coævus, sed & oculatus, utpote qui Seraphici Viri discipulus et ipse fuit,

fuit, ac familiaris. In Epistola de istius morte, quam eo tunc Vicarius Generalis dedit *Ad universas Provincias*, hanc de sacris Stigmatibus relationem intexuit: „ Annuntio vobis „ gaudium magnum, & miraculi novitatem. „ A sæculo non est auditum tale signum, præ- „ terquam in Filio Dei, qui est Christus Deus. „ Non diu ante mortem Frater, & Pater no- „ ster apparuit crucifixus, quinque plagas, „ quæ verè sunt Stigmata Christi, portans „ in corpore suo; nam manus ejus, & pedes „ quasi puncturas clavorum habuerunt ex „ utraque parte confixas, reservantes cica- „ trices, & clavorum nigredinem ostenden- „ tes, latus vero ejus lanceatum apparuit, „ & sæpe sanguinem evaporavit. „ Hæc epistola, quam inter alios exhibet Waddingus ad ann. 1226. num. XIV. quæque incipit „ An- „ tequam loqui incipiam suspiro „ etiam ad manus, & aures eorum devenire poterat, qui adhuc vivum S. Francisci corpus, aut jam mortuum contemplati fuerant, & manibus forte palpaverant, unde non sine impudentia, & stupiditate summa chartæ mandasset Elias, quod statim falsum, & chimericum poterat a plurimis comprobari. Hoc ipsum de

aliis

aliis quoque scriptoribus desuper allatis dicendum venit, quia & isti de S. Viri Stigmatibus eo tunc scribebant, cum adhuc erant in humanis illi, qui hunc aut vivum conspexerant, aut defunctum. Ni igitur bardos, & sine fronte hos fuisse dicere velimus, eorum testimonium admittendum est, & plurimi faciendum, cum ipsi non exscriptores fuerint, sed aliorum fontes, & quod narrant, a plurimis utique diversorum temporum, & locorum scriptum sit exploratæ fidei, et emunctæ naris auctoribus, qui, ut in decursu operis, Deo dante, videbimus, satis abunde producuntur in testes.

His addendi forent, non ut Summi Ecclesiæ Pontifices, sed ut historici & ipsi contemporanei, Gregorius IX. & Alexander IV. invictissimum S. Francisci Stigmatibus testimonium perhibentes. At quoniam propriis oculis ea se vidisse in respectivis Apostolicis litteris, & alibi fatentur, eorum proinde verba afferemus, cum ex oculatis testibus depromenda erunt argumenta, ubi etiam Cardinales aliquot indicabimus, qui carmina de iisdem vulneribus in corpore S. Francisci viventis ab se inspectis postmodum exornarunt.

Illis

Illis igitur omissis locis, in quibus laudati Pontifices affirmant, S. Francisci Stigmata a se, & ab aliis inspecta fuisse, ea tantum ex Alexandro IV. in præsenti capite exscribemus, quæ testimonium perhibent nunc ad rem satis superque sufficiens. In litteris, *Si nova militiæ*, datis Pontificatus anno primo, *Universis Ministris, Custodibus, et Guardianis, ac ceteris fratribus Ordinis Minorum*, in quibus eis aperte mandat, ut numquam deserant Alvernæ montem, inquit: „ Sane, o dilecti fi-
„ lii, celebrem illum vernantis Alvernæ mon-
„ tem, in quo sublimatum corpus a sublimio-
„ ri animo non dissentit, cum ibi nimius
„ amor interius in mente fervens, intuitu Se-
„ raph incalescens, incendii fervore pro-
„ rumpit exterius, decorans corpus in cruce
„ splendidum suis margaritis, affectionum
„ brachiis amplectimur tot & tanta mirifica
„ recolentes. Quem enim amicum æternæ
„ salutis ille locus non delectet quampluri-
„ mum, ubi, extremo jam instante sæculi se-
„ nescentis interitu, ostendit excessus Regis
„ militem regiis militaribus insignitum? etc.„
In aliis vero, directis *Guardiano, et fratribus sacratissimi montis Alvernæ*, Pontifi-
ca

catus anno secundo, sic incipit, et prosequitur: ,, Romani est Summi Pontificis ea
,, loca, ubi Christus, ac ejusdem beatissima
,, semper Virgo, & Mater, vel Sancti inco-
,, luere, ad majorem eorumdem veneratio-
,, nem, et cultum gratiis, favoribus, et præ-
,, cipuis privilegiis decorare. Cum ergo Al-
,, vernæ mons existat hujusmodi, in hoc enim
,, et Christus, et beatissima Virgo sæpe ap-
,, paruere, et S. Franciscus nedum inhabita-
,, vit, sed et Stigmata Sacra in sui carne re-
,, cepit, adeout quoquo modo Golgotha in-
,, signior, et gloriosior iste dicendus videa-
,, tur. In illo enim Christus ab impiis, et
,, sceleftissimis dire, et inhumaniter, in hoc
,, vero Franciscus ab ipso Christo, licet do-
,, lenter, dulciter, et amanter crucifixus ap-
,, paruit ,, In iis denique incipientibus,
Quia longum esset, scriptis Pontificatus
anno quinto, arguit regulares Clericos nonnullos de Castellæ, et Legionis Regnis, qui
S. Francisci Stigmata negantes, eadem in istius
imaginibus vel exprimi vetabant, vel expressa abolebant, ac tandem concludit: ,, Cum
,, itaque super his ad honorem Altissimi op-
,, portunum per nos deceat remedium adhi-
,, be-

,, beri, Apostolica auctoritate decernimus,
,, ut omnes de Regnis prædictis, qui de ima-
,, gine Confessoris ejusdem hujusmodi Stig-
,, mata aboleverint, seu abolere fecerint, et
,, qui prædicaverint, dictum Confessorem
,, ipsa Stigmata nullatenus habuisse, cujus-
,, cumque Ordinis, vel conditionis existant
,, eo ipso laqueum excommunicationis incur-
,, rant, a qua non possint absolvi, nisi per-
,, sonaliter Apostolicam Sedem adeant, super
,, hoc absolutionis beneficium petituri. ,,

Ex dictis interim constat, et ex dicendis magis magisque constabit, Stigmatum impressionem in corpore S. Francisci adeo certam esse, ut juxta Criticorum regulas de ea prudenter dubitari non possit, utpote quæ a plurimis auctoribus ejusdem temporis, et regionis, in qua illa contigit, etiam oculatis, ut clarius percipiemus, integritate, probitateque præditis, uniformiter, ac iisdem fere verbis non ambiguis enarretur, non obiter, et incidenter, sed serio, et ex professo, ut ajunt, remque semper ad ejus originem reducentibus. Plurimum namque ad veritatis firmitatem, et facti alicujus certitudinem confert, si scriptores, ex Criticorum senten-

tia

tia, nisi verbis omnibus, at certe sensu conveniant in testimonio, quod de re aliqua perhibent; et si iidem scriptores ad rei gestæ originem, quæ veritatis caput est, continua serie reducantur. Quoties enim hæc minime desiderantur in auctoribus, factum aliquod narrantibus, fidem eis habendam, et factum per consequens admittendum esse, Critici ipsi fatentur, præsertim si hoc in eis contigit regionibus, in quibus auctores ipsi scribebant, nec alicubi eos evertisse constat, quod alibi affirmaverant. Ex tot tantisque historicis tum allatis, cum afferendis, nullum, quæ de S. Francisci Stigmatibus tradidit, aliquando vel retractasse, vel evertisse scimus, imo eorum plures, semel enunciata de tanto prodigio, apertissime subinde confirmasse, ex eorumdem scriptis, et contextibus, quos in sequentibus capitibus adducemus, certiores reddimur. Id speciatim palam fiet de S. Bonaventura, cujus testimonium jure meritoque plurimi facimus, postquam in sequenti capite ipsum attulerimus ex utraque Legenda, ubi consulto, et conceptis verbis Stigmatum describit historiam; variis namque testimoniis ex aliis
ejus-

ejufdem operibus defumptis oftendemus, Doctorem Seraphicum varium non fuiffe in Stigmatum narratione, ut ei falfo Bailletus imponit, fed firmum femper, et in eorumdem afferenda veritate conftantem.

Accedit quod laudata Stigmata a nullo fcriptore coævo directe, ac ferio, fcriptis, aut voce oppugnata fuere, quod eorum veritatem firmiorem reddit, imo tutiffimam. Regula fiquidem eft a criticis tradita, et a citato P. Honorato lib. 1. differt. 8. exhibita, quæ fic fe habet: ,, Intereft etiam, traditiones, ,, mores, et facta hiftorica non fuiffe di-,, recte ab fcriptoribus ejufdem ævi oppu-,, gnata, vel ab aliis, quorum auctoritas de ,, illorum falfitate nos certos efficere poffit,,. Dicant adverfarii a quo fcriptore coævo alicujus nominis, & auctoritatis oppugnata fuerint Stigmata S. Francifci? Ne unum quidem nobis obiicere poffunt, atque iis opponere fide digniffimis, quos in afferti noftri confirmationem adduximus, & adducemus. Primi, qui aperte veritatem hanc denegarunt, gratis tamen, & nullis rationibus adductis, fuerunt ultimi temporis hæretici, in Præfatione recenfiti, quorum dicta, cri-

B ticis

ticis docentibus, nauci facienda funt, quia tribus fæculis & amplius a facto diftant, & contra vetuftiores, ingenio & probitate præditos, amaro animo infurgunt. Ulterius, cum certi fimus, eos, dum hæc & fimilia infi.iantur, non veritatis amore, fed odio, ac rabie duci in Romanam Ecclefiam, ut nempe vel dogmata nonnulla, vel pias traditiones, quas ifta recipit, e medio tollant, fummopere nobis ab eorum infidiis cavendum eft. Idem enim P. Honoratus tom. 4. differt. 6. art. 1. §. 1. ad noftram doctrinam fcribit: „ Experimento ipfo revera proba-
„ tum eft, primos, quos dicunt, Reforma-
„ tores, itemque Proteftantes poftremi fæ-
„ culi, audaci critice protectos, in eo vim
„ omnem pofuiffe, ut ab imo Chriftianifmum
„ fuffoderent, five Scripturas dubitationibus,
„ & futilibus jurgiis redigentes eò, ut cer-
„ ta argumenta, minimeque controverten-
„ da de re Religionis inde comparare non
„ poffent; five infurgentes in traditiones
„ conftantiffimas, nulla alia ductos ratione,
„ quam faftidio fuo; five curantes diruere
„ fenfim totum fidei exterius ædificium, in-
„ ter fuppofita reiicendo fcripta, & facta
„ probatiora „. Et

Et equidem, Magdeburgenses, ut de solis istis quidquam innuamus, Stigmatum S. Francisci hostibus infensissimis, quam rationem afferunt ad horum falsitatem ostendendam? Nullam omnino, nisi eorum inania verba pro rationibus, ludibria vero, et irrisiones pro argumentis habeantur. Sed quinam hi sunt, ut eorum dictis omni probatione destitutis adhibeamus fidem, eorumque auctoritatem tot veterum, recentiorumque cordatorum hominum testimonio præferamus? ,, Licet enim Ministri isti ,, , inquit toties citatus P. Honoratus tom. 1. dissert. 1. art. 4. num. 6. ,, illustrium Critico-,, rum famam adepti sint, compertissimum ,, est, eos in pluribus peccasse, et sæpissime ,, supinam prorsus eriticen adhibere ,, , præsertim in re, de qua agimus, quam gratis respuunt, et damnant, dum nulla penitus adducta ratione absolute pernegant, et sine mente irrident. Si cujuscumque dictum tanti valet, quantum rationibus innititur, quanti valebunt Centuriatorum subsannationes, et cachinni omni prorsus ratione vacui, quibus audacter nimis, nullo penitus instituto examine, S. Francisci Stigmata ad fabulas

aman-

amandant, et solo fastidio suo falsa, et ficta esse deprædicant? Quin vero contra ipsos regulis utamur, quibus Catholici arctari possunt auctores, & veritatis amici, fidem Magdeburgensibus absolute denegamus, quia in eorum Centuriis, uti scribit Gulielmus Cave Hist. Litter. in Præfat. cap. 30. ,, ines-,, se labes, & nævos, multa omissa, pec-,, cata multa, deprehendi etiam quandoque ,, in ipsis conditoribus nimiam affectuum ,, indulgentiam, nec negari potest, nec dis-,, simulari,,. Tandem quanti facienda est auctoritas virorum, quorum fidem ipsimet Protestantes suspectam habuerunt, quosque proinde veluti impios damnaverunt, & pœnis mulctarunt? Idem P. Honoratus tom. 1. dissert. 1. art. 4. num. 6. hæc de ipsis refert: ,, Primi Centuriarum auctores ab ipsis Lu-,, theranis exilio mulctati sunt, quod eos ,, pati nequirent, immo Schluselburgius, ,, Lutheranorum celebris scriptor, suo hæ-,, reticorum Indici adscribit Centuriatorum ,, principem Mathiam Flaccum Illyricum, ,, utpote manifestum Manichæum, & Ar-,, rianarum basphemiarum reum,,. Nemo igitur mirari debet, si homines hujus fidei

in

in S. Francisci Stigmata insurgentes, chimerica eadem esse venditarunt; ac proinde, quidquid ipsi garriant post annos trecentos & amplius ab eoru‹n›dem Stigmatum impressione, cum auctoribus coævis, quos audivimus, & cum aliis, etiam oculatis, quos audiemus, scientia, probitate, integritateque conspicuis, impressionem ipsam admittimus, ac veram esse profitemur.

CAPUT II.

Impressio Stigmatum in corpore S. Francisci in luce ponitur ab auctoribus quasi coævis.

„ Facta celeberrima, „ scribit desuper laudatus P. Honoratus tom. 1. dissert. 7. art. 9. §. 1. „ quæ nihil incredibile
„ afferunt, & in historicorum narrantium
„ regionibus contigerunt, recipienda sunt
„ hæsitatione nulla ab scriptoribus illis, in
„ quorum conspectu gesta fuere, sive qui
„ didicerunt illa a viris fide dignis, vel
„ ejusdem ævi, maxime vero si scriptores
„ isti ingenio, probitate, & fide præstant
„ in-

,, ingenua. ,, Cum itaque in præcedenti capite eos attulerimus, qui Seraphico Parenti contemporanei, de Stigmatibus ejus testimonium scripto tradiderunt, atque alibi eos allaturi simus, qui propriis oculis ea viderunt, nunc illorum dicta exscribemus, qui eidem Sancto Viro quasi coævi, utpote qui paucis ab ejus obitu annis de Stigmatibus ejus narrationem exornarunt, & factum a testibus oculatis, & fide dignis acceptum chartæ mandavere. Si namque, ut Critici ajunt apud eumdem Honoratum tom. 2. lib. 1. dissert. 2. art. 2. ,, non est admit-
,, tendum factum historicum, quod ab au-
,, ctoribus ejusdem, aut ferme ejusdem tem-
,, poris non confirmetur, ,, illud profecto amplectendum erit, quod a scriptoribus plurimis quasi contemporaneis asseritur, præsertim si istis suffragio suo faveat Ecclesia, quia licet rem cum Criticis agamus, tamen ,, pietate Christiana cogimur, eas potius
,, sequi partes, a quibus Ecclesia est, quam
,, nonnullorum Criticorum, qui pias tradi-
,, tiones ad fabulas amandant. ,, Inter auctores quasi coævos cum locum habeat, ut notavimus, etiam Seraphicus Doctor S. Bona

naventura, ingenio certe, religione, pietate, moribufque clariffimus, cujus auctoritatem tanti facit Ecclefia, ut Stigmatum hiftoriam in horum fefto ex eo legendam proponat in Breviario Romano, ei de hifce candide, & ingenue fcribenti plurimum deferendum eft, quoniam, ut advertit etiam Melchior Canus de loc. theolog. lib. 11. cap. 6., ,, fi cui hiftorico auctoritatem Ec-,, clefia tribuit, hic dubio procul dignus ,, eft, cui nos etiam auctoritatem adjunga-,, mus; contra vero cui Ecclefia derogavit ,, fidem. ,, Verum, ut rem critice tantum hic profequamur, Doctori Seraphico, aliifque hiftoricis fere contemporaneis fidem habendam effe contendimus ob perfpectas eorum dotes, animi præfertim ingenuitatem, qua S. Francifci Stigmata defcribunt, factum nempe illuftre, compertum, & publicum, ab iis acceptum, qui illud propriis oculis viderunt, quique mortales adhuc erant, dum ifti fcribebant factum, diligenter excuffum, & ab aliis plurimis defcriptum exploratæ fidei hominibus.

In primis Lucas Tudenfis Epifcopus, natione Hifpanus, qui fecundo vel tertio

anno a morte S. Francisci opus composuit adversus Albigenses, legendum tomo, non 13., ut est apud Waddingum editionis Romanæ, qua nos utimur, sed 25. Bibliothecæ Veterum Patrum lib. 2. cap. 11. de Stigmatibus Seraphici Parentis hanc luculentam instituit narrationem: ,, Illud etiam beatissi-
,, mi Patris Francisci, cujus humilitate, ac
,, simplicitate sanctissima Deus nostris tem-
,, poribus mundi contrivit superbiam, &
,, scientiam reprobavit, qui Stigmata Jesu
,, Christi in suo gestavit corpore specialius
,, ad fulciendum testimonium veritatis in
,, medium proferamus, ut veritas enuclea-
,, tius luceat, & falsitas offuscetur; etenim
,, vero ut in ejus sacra reperitur Legenda,
,, & multorum Religiosorum, Clericorum,
,, Laicorum, & Sæcularium, qui manibus
,, contrectare meruerunt, vel corporeis ocu-
,, lis ante quinquennium aspexerunt, pium
,, perhibet testimonium, in manibus & pe-
,, dibus beati Francisci quatuor apparuerunt
,, signa clavorum..... Præ ceteris enim
,, Sanctis signis passionis Dei & hominis an-
,, tonomastice sublimatus, velut sol meri-
,, dianus torpentia corda hominum calore
,, fidei

„ fidei inflammavit. Signa paſſionis Chriſti
„ fide ſenſibili demonſtravit, ne Stigmata
„ humanæ redemptionis vetuſtate de fidelium
„ mentibus delerentur..... Maxima quidem
„ pars mundi ad falſa, vel dubia diverte-
„ bat. Alii diverſis erroribus implicati pro-
„ caciter contendebant, Chriſtum in vera
„ carne non fuiſſe paſſum. Alii nulla fulti
„ auctoritate aſſerebant, tribus tantum cla-
„ vis cruci fuiſſe affixum, & non dextrum
„ latus ejus, ſed ſiniſtrum lancea vulnera-
„ tum. Sed omnipotens Deus, qui infirma
„ mundi eligit, ut fortia quæque confundat,
„ per ſervum ſuum, litterarum fere rudem,
„ Franciſcum, occulta fide ita illorum elu-
„ ſit argumenta fallacia, ut etiam inviti ce-
„ dant manifeſtiſſimæ veritati. Si autem quis
„ forſitan adhuc audeat dicere, iſta miracu-
„ loſe, & non ad inſtar paſſionis Chriſti in
„ beato Franciſco fuiſſe geſta, audiant quod
„ in ejus obitu legitur manifeſte: Reſulta-
„ bat in eo revera forma crucis, & paſſio-
„ nis Agni immaculati, qui lavat crimina
„ mundi, dum quaſi recenter a cruce vide-
„ retur depoſitus, manus & pedes clavis
„ confixos habens, & dextrum latus quaſi
„ lan-

„ lancea vulneratum. Erat in medio ma-
„ nuum & pedum ejus mirabile cernere,
„ non clavorum quidem puncturas, fed ip-
„ fos clavos in eis impofitos, ferri retenta
„ nigredine, ac dextrum latus fanguine ru-
„ bricatum. „

Hæc Lucas Tudenfis, de quo proinde Waddingus ad ann. 1224. num. xiv. hæc adnotat: „ Omni profecto acceptione dignum,
„ & quavis exceptione majus hoc docti vi-
„ ri, & Epifcopi Hifpani teftimonium, at-
„ que eo certius, & fide dignius, quo fub
„ hoc ipfo tempore ad fecundum, vel ter-
„ tium annum a Francifci morte fcriptum.
„ Egit enim cum Viri fancti Sociis, præci-
„ pue cum fratre Elia fibi familiari, dum
„ Hierofolymis per Affifium rediret in Hi-
„ fpaniam, quem proinde fumme laudat.
„ Adducit etiam in confirmationem horum
„ Stigmatum tunc vivos omnis generis ho-
„ mines, teftes oculatos, & plagarum con-
„ trectatores. „

Accedit nnnc S. Bonaventura, qui anno 1260., poft trigefimum quartum videlicet a morte S. Francifci, iftius vitam, five Legendam confcripfit, prout ab ejufdem Sociis,
& aliis

& aliis oculatis testibus & ipse audierat. Sed ut validius ex eo desumamus argumentum, scire juvat, Seraphicum Doctorem tribus in opusculis serio, & ex professo agere de S. Francisci Stigmatibus, scilicet in Legenda Majori, & in Minori, ac in Lectionibus de Canonizatione, & de Translatione ejusdem S. Viri, passim vero in aliis scriptis, obiter tamen, & occasione oblata, sed ubique sibi ita semper constans, ut numquam variaverit, aut everterit, quod semel de eodem prodigio narraverat, quidquid in contrarium falso, ut in præcedenti capite innuimus, de eo venditet Bailletus. Hæc enim varietas, quam Criticus iste sibi omnium primus effinxit, falsa omnino deprehenditur ex lectione operum S. Doctoris, atque ex horum collatione cum iis, quæ Criticus ipse consarcinat, atque ex ea clare etiam quisque percipiet, Bailletum infidelem esse tum in reddendis S. Bonaventuræ verbis, cum in recitandis testibus validissimis, & oculatis ab eo productis, quos antequam scriptioni operam daret, Assisium se conferens, diligenter expendit, & propriis auribus audivit. Bailleti impostura patebit quoque ex verbis Doctoris Seraphici, quæ
nos

,, Disparens itaque visio, post arcanum,
,, ac familiare colloquium, mentem ipsius se-
,, raphico interius inflammavit ardore, car-
,, nem vero Crucifixo conformi exterius in-
,, signivit effigie, tamquam si ad ignis lique-
,, factivam virtutem præambulam sigillativa
,, quædam esset impressio subsecuta. Statim
,, namque in manibus, & pedibus ejus ap-
,, parere cœperunt signa clavorum, ipsorum
,, capitibus in inferiori parte manuum, &
,, superiori pedum apparentibus, & eorum
,, acuminibus existentibus ex adverso. Erant-
,, que clavorum capita in manibus, & pedi-
,, bus rotunda, & nigra, ipsa vero acumina
,, oblonga, retorta, & repercussa, quæ de
,, ipsa carne surgentia, carnem reliquam
,, excedebant. Siquidem repercussio ipsa
,, clavorum sub pedibus adeo prominens
,, erat, & extra protensa, ut non solum plan-
,, tas solo libere applicare non sineret, ve-
,, rum etiam intra curvationem arcualem
,, ipsorum acuminum faciliter immitti vale-
,, ret digitus manus, sicut ab eis ipse acce-
,, pi, qui oculis propriis conspexerunt. Dex-
,, trum quoque latus, quasi lancea trasfi-
,, xum, rubra cicatrice obductum erat,
,, quod

„ quod sæpe sanguinem sacrum effundens,
„ tunicam & femoralia respergebat. „ Iisdem
ferme verbis, ut monui, paucis tantum im
mutatis, rem eamdem refert S. Doctor in Legenda Majori cap. 13. scribens: „ Disparens-
„ igitur visio, mirabilem in corde ejus reli-
„ quit ardorem, sed & in carne non minus
„ mirabilem signorum impressit effigiem.
„ Statim namque in manibus ejus & pedi
„ bus apparere cæperunt signa clavorum,
„ quemadmodum paulo ante in effigie illa
„ crucifixi conspexerat. Manus enim & pe-
„ des in ipso medio clavis confixæ vide-
„ bantur, clavorum capitibus in interiori
„ parte manuum, & superiori pedum ap-
„ parentibus, & eorum acuminibus existen-
„ tibus ex adverso. Erantque clavorum ca-
„ pita in manibus, & pedibus rotunda, &
„ nigra, ipsa vero acumina oblonga, retor-
„ ta, & quasi repercussa, quæ de ipsa car-
„ ne surgentia, carnem reliquam excede-
„ bant. Dexterum quoque latus, quasi lan-
„ cea transfixum, rubra cicatrice obductum
„ erat, quod sæpe sanguinem sacrum effun-
„ dens, tunicam, & femoralia resperge-
„ bat. „

Eam

Eamdem uniformitatem in exprimenda Stigmatum natura nedum servat Seraphicus Doctor in decursu utriusque Legendæ, ubi agit *de transitu mortis S. Francisci*, sed etiam in lectionibus prædictis *de Canonizatione, & de Translatione* ejusdem, ut infra patebit. Nunc ut magis magisque pateat, ipsum, ut dicebamus, firmiter veritatem impressionis sacrorum Stigmatum semper credidisse, numquam in hac fide hæsitasse, aut jam dicta retractasse, nonnulla adhuc afferemus ejus testimonia, quæ de ipsis Stigmatibus passim in aliis suis operibus ipse reddit. In Prologo opusculi, cui titulus ' *Itinerarium mentis in Deum*, hæc habet:,, Cum exemplo beatissimi
,, Patris nostri Francisci hanc pacem anhelo
,, spiritu quærerem, ego peccator, qui loco
,, illius Patris beatissimi post ejus transitum
,, septimus generali fratrum ministerio per
,, omnia indignus succedo, contigit, ut nutu
,, divino, anno post ipsius beati Patris tran-
,, situm trigesimo tertio, ad montem Alver-
,, næ tamquam ad locum quietum, amore
,, quærendi pacem spiritus declinarem, ibi-
,, que existens, dum mente tractarem aliquas
,, mentales ascensiones in Deum, inter alia
,, oc-

„ occurrit illud miraculum, quod in prædi-
„ cto contigit loco ipsi beato Francisco, de
„ visione videlicet Seraph alati crucifixi...
„ Qui etiam adeo mentem Francisci absor-
„ buit, quod mens in carne patuit, dum sa-
„ cratissima passionis Stigmata in corpore suo
„ ante mortem per biennium deportavit. „
Capite vero 7. ejusdem opusculi addit. „ Quod
„ etiam ostensum est beato Francisco cum in
„ excessu contemplationis in monte excelso,
„ ubi hæc, quæ scripta sunt, mente tractavi,
„ apparuit Seraph sex alarum in cruce confi-
„ xus, ut ibidem a Socio ejus, qui tunc cum
„ eo fuit, ego, & plures alii audivimus. „
Sermone 10. *de Diversis*, qui est *de Transla-*
tione S. Francisci, num. 3. scribit: „ Jam
„ consignatus Christi Stigmatibus gloriosis; „
& num. 11. subdit: „ Ex Ægypto volentes
„ exire, secure hunc sequantur, in quo ap-
„ parent divina Stigmata clara luce. „ Ser-
rmone 11. *de S. Francisco* pertractans de amore, quo cor istius ardebat, num. 10. inquit
„ Non solum in Christum animam transfor-
„ mavit, & ei perfecte assimilavit, sed in
„ tantum redundavit, quod eum Stigmatibus
„ consignavit. „ In Epistola „ *ad quemdam-*
Pro-

Provincialem Ministrum, sic fidenter de ipsis Stigmatibus loquitur: „ Charitatis tuæ „ zelum, quantum possum, efficaciori man- „ dato duxi præsentibus excitandum, adju- „ rans te per aspersionem sanguinis Crucifi- „ xi, & per Stigmata passionis ejus, quæ in „ sacro Patris nostri corpore indubitabili cla- „ ritate fulserunt. „ Alibi quoque Stigmatum prodigium ipse commemorat, ac ita indubitanter de ipso scribit, ut ad litteram de S. Francisco intellexerit illud Apocalypsis cap. 7. „ Vi- „ di alterum Angelum ascendentem ab ortu „ solis, habentem signum Dei vivi „ Christi nimirum Stigmata, quod post ipsum alii quoque de eodem Seraphico Patre intellexerunt, uti S. Bernardinus Senensis Serm. 3. *de Stigmatibus beati Francisci*, & Leo X. in sua Bulla *Ite & vos*. Imo S. Bonaventura etiam miraculis veritatem sacrorum Stigmatum probat, & confirmat. Etenim in Legenda Minori lect. 5. *de Stigmatibus sacris*, ait: „ Porro „ licet Vir sanctus, & humilis sacra illa si- „ gnacula omni diligentia studeret absconde- „ re, Domino tamen complacuit ad gloriam „ suam mirabilia quædam aperta per illa mon- „ strare, ut dum illorum vis occulta per signa
„ cla-

,, clara patefceret, inter denfas caliginofi fæ-
,, culi tenebras ut fidus præfulgidum radia-
,, ret. ,, Hinc tum in hac ipfa lectione, tum
in aliis tribus fequentibus miracula ipfa fin-
gillatim recenfet, atque fic octavam concludit: ,, Ex quo luculenter apparet, quod fa-
,, cra illa fignacula illius fuerunt impreffa
,, potentia, & prædita funt virtute, cujus eft
,, vulnera infligere, medelas afferre, obfti-
,, natos percutere, contritofque fanare. ,,

Hæretici, ut advertimus in præfatione, miracula hæc irrident, & falfa effe deprædicant, quod advertit etiam Raynaldus ad ann. 1226. num. LI. ubi poft allata quæ S. Bonaventura habet de morte S. Francifci, addit: ,, Hactenus S. Bonaventura (cujus verba ex-
,, fcripfit Jordanus) poft hæc vero de ipfo
,, agit inter Sanctos relato, ac multa egregia
,, miracula fubjicit, ex quibus nonnulla No-
,, vatores (Centuria 13. col. 1173.) quæ
,, more fuo in ludibrium trahunt, centuriis
,, fuis intexuere. ,, At id nos haud movere debet, cum ipfi poft Joannem Clericum, negantem miracula a S. Auguftino relata, de omnibus prodigiis ab Ecclefia Catholica receptis edicere non vereantur: ,, Hæc
,, illo

,, illo ævo ftratagemata erant Ecclefiaftica,
,, quibus plebeculæ fucus fiebat ,, . Ita Clericus, cui refpondens Muratorius de Ingen. moderat. lib. 2. cap. 2. inquit: ,, Ingeniofam
,, profecto methodum, qua fe ab adverfariis
,, cito litigator expediat. Quando rationes
,, urgent, nullufque alius exitus datur, fa-
,, cta ipfa, quamquam luce clariora, ne-
,, gantur ,, ut in cafu noftro faciunt Centuriatores, & alii . ,, Deus ,, profequitur Muratorius, & nos cum ipfo ad rem noftram,
,, pro errore mirabilia non operatur, utpote
,, qui decipere nos neque poffit, neque velit;
,, Ecclefia Catholica miraculis etiam, quod
,, hæreticis non contingit, fidem fuam tue-
,, tur. Ergo ab hæreticorum patronis res ipfa
,, neganda fuit ,, uti negant miracula, virtute Stigmatum S. Francifci patrata, & a S. Bonaventura collecta, & recenfita. Sed nos huic, non hæreticis affentimur, atque expectantes, ut falfa hæc, fi fapiunt, rationibus oftendant, necnon ut Bailletus cum fuis locum aliquem S. Doctoris, fideliter tamen exfcriptum, in medium proferat, in quo hic vel retractet, vel evertat femel dicta de facris Stigmatibus, aut aliquo modo vacillet in iftorum narratio-

ne, eōrumdem veritatem ex aliis auctoribus quasi coævis comprobare prosequimur.

Duo hic sese offerunt summi Ecclesiæ Pastores, Nicolaus videlicet Tertius, & Quartus, qui ambo eodem floruere sæculo, quo S. Franciscus vixit, & decessit. Horum primus, qui solis quinquaginta annis post Seraphici Patris obitum ad Pontificatum fuit evectus, in diplomate, *Convenientibus vobis*, Minorum Ordinem extollens ait:,, Hic est
,, fons scientiarum fluenta scaturiens, signa-
,, tus paupertatis insigniis, & in sui primo
,, Institutore Christi Stigmatibus insignitus.,,
In Decretali vero, *Exiit*, Fratrum Minorum Regulam exponens, inquit:,, Hæc est, cui,
,, attestante Paulo, nemo de cetero debet es-
,, se molestus, quam Christus passionis suæ
,, Stigmatibus confirmavit, volens Institutor-
,, rem ipsius passionis suæ signis mirabiliter
,, insigniri.,, Nicolaus vero IV. in suis litteris, *Cum ad aures nostras*, datis anno 1291. post annos videlicet sexaginta quinque a morte S. Francisci, ita rem nostram declarat:
,, Hoc diligenter attendimus, quod Sancta
,, Romana Ecclesia de beato Francisco, &
,, Stigmatum ejus infixione sollicita, illa in
,, car-

,, carne ipsius non superficialiter, sed in in-
,, teriora per carnem, & nervos, & ossa in
,, quinque partibus, manuum, pedum, &
,, lateris, in certos, & congruos fines in-
,, gressa, itaut non virtute naturæ, sed mi-
,, raculoso gratiæ dono sic fieri, vel esse po-
,, tuerit, per testes legitime comprobatum
,, accepit, & ut sic de Stigmatibus ipsius bea-
,, ti Francisci teneatur, & venerabiliter ob-
,, servetur, irrefragabili sanctione firma-
,, vit.... Quæ quidem, vivo adhuc ipso Con-
,, fessore, ac postmodum diem functo, hu-
,, manis oculis, & tactui patentissime clarue-
,, runt &c. ,,

Matthæus Parisius, Monachus Clunia-
censis, natione Anglus, qui scribebat ante
annum 1259. quo obiit, quique in Historia
Maj. Angliæ ad ann. 1227. ex vulgo rem narrat, ut ajunt Bolland. tom. 2. Octobris loco in
priori capite laudato num. 564. Stigmatum
historiam sic describit: ,, Quintadecima die
,, ante S. Francisci mortem apparuerunt vul-
,, nera in manibus ejus, & pedibus, sangui-
,, nem jugiter emittentia, sicut in mundi
,, Salvatore in ligno pendente apparuerant,
,, cum crucifigeretur a Judæis. Latus quo-
,, que

,, que ejus dextrum adeo apertum, & cruore
,, resperfum apparuit, ut etiam secreta cor-
,, dis intima perspicua viderentur.... Quo
,, defuncto, nulla vulnerum prædictorum in
,, latere, vel pedibus, sive manibus Stigma-
,, ta remanserunt.,, Multa falsa hic referre
Parisium, tum ex dictis, tum ex dicendis
evidenter constat. Quamquam vero in aliquibus facti circumstantiis plurimum discrepet a Scriptoribus coævis, etiam oculatis, & ab aliis quasi coævis, ejus tamen testimonium non omittendum putavi, quia nos certos utcumque reddit de veritate ejusdem facti, quod adeo celebre, & solemne ex hoc ipso apparet, ut ejus fama intra breve tempus longe lateque diffusa, in Angliam usque per os vulgi pervenerit. Ultimo tandem, ne infiniti simus in aliis recensendis, quorum aliquot alibi opportune indicandi erunt, unum audiemus Jacobum de Voragine Dominicanum, mox Episcopum Januensem, natum circa annum 1230. defunctum anno 1289. qui de S. Francisci Stigmatibus ita scribit Serm. 3. de iisdem :,, In visione Dei servus
,, supra se Seraphim crucifixum aspexit, qui
,, crucifixionis suæ signa sic ei evidenter impres-

,, preffit, ut crucifixus videretur & ipfe.
,, Confignantur manus, & pedes, & latus
,, crucis charactere, fed diligenti ftudio ab
,, omnium oculis ipfa Stigmata abfcondebat.
,, Quidam tamen hæc in vita viderunt, fed
,, in morte plurimi confpexerunt. ,, Alia plurima habet ibidem auctor iste, fed quoniam verbis ejus abutitur Joannes Baptifta Thiers, idcirco de eo alibi redibit fermo, ibique reliqua ejufdem verba proferemus. Interim concludimus, quod fi ut credamus auctori factum hiftoricum narranti, Criticorum nonnulli tempus ab hoc ad auctorem ufque elapfum ,, tribus, aut quatuor generationibus ,, circumfcribunt, quidam centum annis, ,, multi circiter ducentis ,, ut adnotat pluries laudatus P. Honoratus tom. 2 differt. 2. multo magis credendum erit defuper allatis, & quia omnes paucis annis a S. Francifco diftant, eique proinde funt quafi contemporanei, & quia quæ de facris Stigmatibus referunt, narrantur quoque a teftibus coævis in priori capite adductis, & a teftibus oculatis in fequenti adducendis.

CAPUT III.

Impreſſio Stigmatum in corpore S. Franciſci teſtibus demonſtratur, qui eadem dum Sanctus viveret vel oculis viderunt, vel manibus palparunt.

SI Critici noſtri, quique S. Franciſci Stigmata falſa, & conficta eſſe volunt, teſtibus coævis, vel quaſi coævis aſſenſum præſtare detrectent, licet horum teſtimonium, juxta regulas ab ipſiſmet Criticis conſtitutas, ſatis ſuperque ſufficiat ad factum hiſtoricum comprobandum, ad teſtes oculatos ejuſdem facti nunc eos provocamus.,,Tutius enim eſt,, inquit Honoratus a S. Maria tom. 1. diſſert. 7. art. 9.§.1.reg. 4. ,, auctorem audire, qui, quæ ,, nunciat, ſe vidiſſe affirmat.,, Et ſane, cui credendum erit, vel quæ erit humana fides, ſi aſſenſus denegetur aſſerenti, ſe rem, quam refert, propriis oculis vidiſſe, aut manibus palpaſſe, vel teſtes proferenti, & quidem oculatos, qui adhuc vivebant, dum auctor eos advocat in teſtimonium ejuſdem rei ? Huic pro-

profecto fides necessario habenda est, nisi Pyrrhonici in historia esse velimus, quia si illis assentiendum non est, qui testantur, se conspexisse quod narrant, vel eis, qui suæ narrationis testes proferunt adhuc vivos, dum ipsi scribunt, ac suis oculis rem a se relatam hos intuitos esse dicentes, jam nullus erit auctor, cui credere debeamus, atque adeo in continua rerum historicarum incertitudine, vel dubitatione versabimur. Testi proinde oculato credere debemus, ac pro testibus oculatis & illi habendi sunt, qui cum adhuc essent in humanis, citati ab aliis tamquam testes oculati alicujus facti, huic minime contradixerunt, cum possent, nec de impostura adversus relatorem istius conquesti sunt. Cum ergo S. Francisci Stigmata, tum ipso vivente, cum post mortem ejus præsertim ita comperta fuerint, & sensibus patentia, ut de ipsis oculi, & manus adstantium judicium ferre potuerint, fides habenda est auctoribus, ea se vidisse, & manibus palpasse fatentibus, vel affirmantibus, alios eadem inspexisse, & contrectasse, qui mortales adhuc erant, dum auctores ipsi hoc eorum utebantur testimonio. Si namque incredibile videtur, alicujus integri.

gritatis hominem, ut capite primo dictum est, facta narrare voluisse, quæ a scriptoribus ejusdem ætatis falsa demonstrari poterant, multo minus credibile est, scriptis mandare voluisse factum, hominumque tunc vivorum testimonio comprobare, asserendo nimirum, hos eidem præsentes fuisse, ac sensibus ipsum dijudicasse, qui statim contradicere, totamque narrationem fabulosam, & fictam demonstrare valebant. ,, Mente sane, atque intelli-
,, gentia vacare arbitrarer ,, ait Honoratus loco nunc laudato ,, auctorem illum, qui fa-
,, ctum confinxisset, de cujus statim menda-
,, cio, & fraude redargui posset ,, a testibus præcipue a se adductis tamquam oculatis, ut in casu nostro.

Si namque unum excipias Matthæum Parisium, quotquot Stigmatum historiam serio, & ex professo narravere scriptores, omnes unanimiter affirmant, S. Franciscum veris Stigmatibus, in vita, & post mortem ejus inspectis, & contrectatis, insignitum fuisse biennio antequam spiritum redderet cælo. Quare cum Vir Seraphicus signacula summi Regis in sua carne gestaverit per duos annos, & dies aliquot, intra spatium temporis tam longum

a plua pluribus ea conspici, & contrectari debuerunt ,, licet ipse ,, ut scribit S. Bonaventura in Legend. Maj. ,, thesaurum inventum in agro ,, multa diligentia studeret abscondere ,, & ,, manus quasi semper portaret contectas, & ,, pedibus extunc incederet calceatis ,, . Et re quidem vera, S. Franciscus post recepta Christi vulnera nec a suorum conversatione, & familiaritate, nec ab hominum conspectu, & consortio recessit, in antris & cavernis terræ sese occultando, sed palam cum suis quotidie conversatus est, ac sæpe etiam cum aliis, ut in Legend. Min. de eo refert Seraphicus Doctor. Imo, eodem fatente ,, salutem sitiens ,, omnium salvandorum, quia propter excrescentes in pedibus clavos ambulare non ,, poterat, faciebat corpus emortuum per civitates, & castella circumvehi ,, & quidem asello vectum, uti scribit cum aliis auctor Novi Dialogi Sacr. Montis Alvernæ lib. 1. cap. 8. edit. Florentinæ ann. 1568. Hinc propterea cum populi viderent Seraphicum Virum, præter morem, & Regulam a se traditam, calceatum, & super asellum circumduci, de Stigmatum impressione in ejus corpore facta admonebantur, ac certiores fiebant.

bant. In eadem Legend. Min. *de Transitu mortis* idem Seraphicus Doctor Lect. 4. ,, *de Stigmatibus sacris* , hæc addit : ,, Cernens
,, autem vir Deo plenus, quod Stigmata car-
,, ni tam luculenter impressa Socios familia-
,, res latere non possent, timens nihilominus
,, publicare Domini sacramentum , in ma-
,, gno positus fuit dubitationis agone , utrum
,, quod viderat, diceret, vel taceret . Com-
,, pulsus tamen conscientiæ stimulo, quibus-
,, dam ex fratribus intimioribus sibi cum mul-
,, to timore seriem retulit visionis. ,, Occulta igitur, ac penitus abdita per duos annos, & dies, quacumque Sancti Viri diligentia non obstante, Stigmata illa sacra esse nequiverunt, quin saltem ab intimioribus fratribus , aliisque eidem familiaribus personis probarentur, imo ab his inspecta, & manibus palpata fuisse cum auctoribus id asserentibus fatendum est , & infra demonstrabitur .

De Stigmatibus namque manuum, & pedum scribit idem S. Bonaventura in præcitata Legend. Maj. cap. 13. ,, Viderunt, dum
,, viveret, fratres plurimi ; viderunt etiam
,, ex familiaritate, quam cum Viro Sancto
,, habebant , aliqui Cardinales ; Summus
,, etiam

„ etiam Pontifex Dominus Alexander, cum
„ populo prædicaret coram multis fratribus,
„ & me ipso, affirmavit, se, dum Sanctus
„ viveret, Stigmata illa sacra suis oculis con-
„ spexisse „. De vulnere autem laterali sic
prosequitur. „ Vulnus autem lateris tam sol-
„ licite occultavit, ut illud nemo posset, nisi
„ furtim contueri dum viveret. Unus ete-
„ nim frater, qui ei sedule ministrare solitus
„ erat, cum pia eum cautela, ut ad excu-
„ tiendum extraheret tunicam, induxisset,
„ attente respiciens vidit plagam, cui etiam
„ tres veloci contactu digitos applicans, tam
„ visu, quam tactu vulneris quantitatem agno-
„ vit. Consimili cautela vidit etiam frater
„ ille, qui tunc temporis erat Vicarius ejus.
„ Frater vero socius mirandæ simplicitatis,
„ dum infirmitatis causa languentes scapulas
„ contrectaret, manu per caputium, & ca-
„ sualiter vulneri sacro illapsa, magnum ei
„ dolorem inflixit. Proinde portabat extunc
„ femoralia ita facta, ut usque ad ascellas
„ pertingerent ad vulnus lateris contegen-
„ dum. Fratres quoque, qui illa lavabant,
„ vel tunicam excutiebant pro tempore,
„ quia inveniebant ea sanguine rubricata,
„ in-

„ indubitanter per evidens signum in cogni-
„ tionem facri vulneris pervenerunt„ . Idipfum fcripferat antea Fr. Thomas a Celano,
Seraphici Patris, ut diximus, Difcipulus,
& Socius, tum in Legenda antiqua, cum in
altera ampliori, quam poftea adornavit. In
priori namque ita fcribit: „ Heu! quam pau-
„ ci, dum viveret crucifixus Servus Domini
„ Crucifixi, facrum lateris vulnus cernere
„ meruerunt. Sed felix Elias, qui, dum vi-
„ veret Sanctus, utrumque illud videre me-
„ ruit, fed magis felix Ruffinus, qui propriis
„ manibus contrectavit. Etenim vero cum
„ femel dictus frater Ruffinus manum fuam
„ in finum Sanctiffimi Viri (infirmi) ut eum
„ fcalperet, immififfet, dilapfa eft manus
„ ejus, ut fæpe contingit, ad dextrum latus
„ ipfius, & occurrit illi pretiofam illam con-
„ tingere cicatricem, ad cujus contactum
„ Sanctus Dei non modicum doluit, & ma-
„ num a fe repellens, ut ei parceret Domi-
„ nus, acclamavit. Studiofiffime namque
„ abfcondebat hoc ab externis, celabat cau-
„ tiffime a propinquis, itaut & tolerabiles
„ fratres, & eius devotiffimi fecutores, hoc
„ per multum temporis ignorarent,

Quæ

Quæ de fratre Ruffino hic narrantur, fuse leguntur etiam in pervetusto opere, cui titulus . *Speculum Vitæ beati Francisci , & Sociorum ejus*, ubi auctor ponit , & absolvit hoc argumentum: *Quomodo beatus Ruffinus vidit , & tetigit plagam lateris S. Francisci*. Eadem habent Dominus Joannes de Ceperano, Anglicus, qui Legendam Celani ad metrum reduxit, Tres Socii S. Francisci, & alii vetustissimi scriptores Seraphico Patri contemporanei. Hi namque omnes unanimiter conveniunt in recensendis testibus, qui Stigmata S. Francisci viventis vel oculis viderunt, vel manibus palparunt , horumque omnium dicta confirmat, ut audivimus, S. Bonaventura. Sed frater Ruffinus, Elias, & alii, qui dicta Stigmata & vidisse, & contrectasse dicuntur, vivebant eo tempore, quo Celanus, & alii scribebant, & Stigmatum historiam eorum auctoritate, & testimonio comprobabant, & nedum non reclamarunt, sed scriptis quoque , & palam vulnera ipsa fassi sunt , ut suo loco ponderabimus . Interim quis credat, historicos istos tantæ impudentiæ fuisse, ut homines adhuc vivos propriis nominibus indigitare potuerint , hosque tamquam testes ocu-

oculatos proferre in propriæ narrationis confirmationem, a quibus falsitatis, & imposturæ illico revinci, & accusari poterant ? Quis, inquam, id sibi suadeat, maxime de Thoma Celanensi, de cujus Legenda scribunt Bollandiani: „ Præclara admodum Vita est, scrip-
„ torem præferens doctum, & pium,, ut etiam capite primo audivimus ? Bernardus a Bessa, ut ibi pariter adnotavimus, hanc tanti fecit, ut eam ad compendiosiorem formam reduxerit, & Anglicus laudatus ad metrum gravis, & docti carminis heroici. At quæ de Celani integritate in scribendo certos nos faciunt, quemlibet suadere debent animum docilem, præjudiciis minime abreptum, etiam de aliorum scriptorum probitate, S. Bonaventuræ præsertim, ac Trium Sociorum S. Francisci, hominum videlicet sanctitatis fama longe lateque illustrium. Hi omnes eorum, quæ scribunt, testes proferunt oculatos, eotunc viventes, qui nedum non contradixere, sed relata ab illis, ut dicebam, publice confirmaverunt; imo eorum aliqui Stigmata ipsa, quæ calamo describunt, propriis oculis viderunt, & manibus palparunt. Frater Elias in Epistola de morte Sanctissimi Istitutoris, capite
pri-

primo relata, quinque plagas eum in corpore suo geſtaſſe luculentiſſime ſcribit. Frater Ruffinus idipſum aperte narrat in Legenda Trium Sociorum, quorum unus ipſe fuit. Cardinales, qui conſpexiſſe dicuntur vulnera illa ſacra in carne S. Franciſci viventis, tam verbo, quam ſcripto teſtimonium veritati perhibuerunt, *laudes ſacrorum Stigmatum*, ut ait S. Bonaventura cap. 13. Legend. Maj. „ proſis, & hymnis, & antiphonis, quas ad „ S. Franciſci ediderunt honorem, vera- „ citer inferentes. „ Fuerunt hi Hugolinus, poſtea Summus Pontifex Gregorius IX. Raynerius Capoccius Viterbienſis, Thomas Capuanus, & Stephanus de Caſa, ſive de Foſſa nova, omnes electi ab Innocentio III. atque Otho Candidus, ſive Blancus, creatus a Gregorio IX. de quibus fuſius, ubi argumenta proferemus ex Actis deſumpta Canonizationis Seraphici Patris.

Alexander IV. præterquamquod faſſus eſt publice dum prædicaret coram multis fratribus, & ipſomet relatore S. Bonaventura, „ ſe, dum Sanctus viveret, Stigmata illa „ ſacra conſpexiſſe „ ac præterea, quæ habet in Conſtitutionibus capite primo relatis,

idipsum fatetur etiam in aliis duabus. *Benigna operatio*, &, *Grande & Singulare*. In harum siquidem prima post descriptam Stigmatum S. Francisci naturam ita prosequitur: ,, Sane de præfato Sancto hæc certius af-
,, ferentes, indoctas fabulas, seu vanæ inven-
,, tionis deliramenta non sequimur, cum ea
,, nobis dudum nota fecerit plenior fides re-
,, rum, quando videlicet in minoribus con-
,, stituti, Confessoris ejusdem familiaritatem
,, ex munere divino meruimus habere noti-
,, tiam, præfati prædecessoris nostri (*Gregorii IX.*) domesticis obsequiis tunc tempo-
,, ris insistendo. ,, In altera vero clarius etiam idem repetit, dicens: ,, Gregorius Papa IX.
,, prædecessor noster clara sua insinuatione
,, litterarum expressit, quod idem Sanctus
,, cum adhuc spatium præsentis vitæ percur-
,, reret, & postquam illud feliciter consum-
,, mavit, in manibus, latere, & pedibus spe-
,, cie Stigmatum divinitus extitit insignitus.
,, Cum igitur tam insigne amoris Dei signum,
,, quod utique ante ejus obitum patuit, &
,, Nobis etiam tunc notum fuit, eodem præ-
,, decessore in minori adhuc officio constituto
,, &c. ,, Sed non est cur plura de testimonio
ocu-

oculato Alexandri IV, dicamus, cum & ipsi Centuriatores Magdeburgenses, ut vidimus in præfatione, ipsum agnoscant, & fateantur, licet in crimen vertant tanti Pontificis, dicentes; ,, Ipse demum Alexander IV. Pon-
,, tifex publice, se oculis ea suis conspexis-
,, se, non veritus est dicere. ,,

Præter hos autem, alios plures vidisse Stigmata S. Francisci viventis, hujus vitæ scriptores omnes fatentur, unde ex Divo Bonaventura scribit Waddingus ad ann. 1224. num. XVIII. ,, Illa inspexerunt unus ex fra-
,, tribus, Joannes de Laude dictus, qui ei
,, sedulo ministrare solebat; & frater Leo,
,, Viri Sancti socius, admirandæ simplicita-
,, tis. ,, De fratre Joanne prædicto idipsum referunt etiam auctor Dialogi antiqui, & auctor Dialogi novi Sacri Mont. Alver. lib. I. cap. 8. ubi eadem conspexisse ait etiam fratrem Pacificum de Marchia. Refert id etiam pervetustus scriptor *Provincialis Ord. fratr. Min.* sive auctor *Polychronici Jordanis*, desumpti ex Codice MS. Bibliothecæ Vaticanæ num. 1960. fol. 23., in quo verba faciens de Conventu Bictonii, qui ab eo notatur quintus Custodiæ Assisiensis in Provincia Umbriæ ,, Bictonium,

inquit „ ubi quiescit frater Joannes de Lau-
„ dibus, qui, vivente beato Francisco, ejus
„ laterale vulnus tangere meruit: „ De fratre
autem Leone in antiquo opere inscripto,
*Speculum Vitæ B. Francisci, & Sociorum
ejus* ipse fuisse dicitur cum eodem S. Francisco in monte Alvernæ, cum hic sacris
Stigmatibus ibi fuit obsignatus. Sub titulo vero, *Modus Stigmatizationis S. Francisci*,
post hujus descriptionem, aliquantulum in
aliquibus circumstantiis ab aliis diversam, in
eodem Speculo legitur: „ Beatus autem Fran-
„ ciscus jacuit in terra, usque ad horam no-
„ nam. Tunc frater Leo superveniens, &
„ videns prostratum, levavit eum, putans
„ ex abstinentia defecisse; & sic ab illa hora
„ S. Franciscus scilicet occulte, ut potuit,
„ illa sacra Stigmata in corpore portavit ….
„ Ex illo die non lavabat manus suas sicut an-
„ te, sed tantum digitos. „ De fratre Leone
etiam Bartholomæus Pisanus, qui cum prope
centenarius obierit anno 1401. eos alloqui
potuit, qui cum S. Francisci Sociis conversati fuerant, libr. 1. Conformit. fruct. & conformit. 8. ita scribit: „ Hic frater Leo cum
„ beato Francisco erat in monte Alvernæ,
„ quan-

,, quando Dominus Stigmata ipsi beato Fran-
,, cisco impressit. Huic soli fratri Leoni bea-
,, tus Franciscus sua Stigmata committebat
,, tangenda, & novis peciolis etiam mutanda,
,, quas qualibet die hebdomadæ inter clavos
,, illos mirabiles, & carnem reliquam ad re-
,, tinendum sanguinem, & mitigandum do-
,, lorem renovabat, excepto die Jovis de
,, sero, & per totum diem Veneris, in quo
,, nullum remedium volebat apponi, ut
,, amore Christi eo die crucifixi, cum ipso
,, penderet.,, Eadem omnino refert etiam
auctor antiqui Dialogi Sacri Montis Alvernæ, & ex eo auctor Novi loco citato, ubi
ulterius addit, quod ex hisce linteolis sanguine madefactis adhuc asservantur aliquibus in
locis, ut Assisii in Ecclesia S. Damiani in
Cruce quadam argentea inter Reliquias, &
in templo S. Georgii, nunc S. Claræ ejusdem
civitatis, custodiri scribit camocium, quo
Seraphicus Pater utebatur ad mitigandum dolorem vulneris lateralis, quodque scriptor
Dialogi antiqui apud auctorem Novi, propriis oculis se vidisse affirmat.

 Hinc Waddingus ad ann. 1224. n. XVIII,
tum de petiolis istis, cum de calceis, quos

adhibebat Sanctus Stigmatibus affectus, sic narrationem instituit: „ In Ecclesia S. Geor-
„ gii Clarissarum Assisii vidi adhuc servari
„ quoddam genus cataplasmatis, seu empla-
„ stri, vulgo italico antiquo camocium di-
„ ctum, quod ad leniendum dolorem, &
„ sanguinem retinendum, Viro Sancto fecit
„ Virgo sanctissima Clara; similiter & cal-
„ ceos, ejusdem Virginis industria ita factos,
„ ut superiorem pedum partem, ne videre-
„ tur, cooperirent, & inferiorem ita a terra
„ elevarent, ut prominentes clavorum cus-
„ pides gressum non omnino impedirent. „
Ac ita sane esse, & fieri debebat duorum annorum, & dierum spatio, proindeque vulnera illa sacra necessario videri, & contrectari debuerunt, ut linteola scilicet, & similia eis vel ad refrigerium, vel ad sanguinem aut continendum, aut abstergendum applicarentur. Id autem praecipue necessarium fuit pro laterali plaga, ex qua tam copiose persaepe cruorem effluxisse, ut & ipsa eo respergerentur indumenta, scriptores omnes, usque modo recensiti, luculenter affirmant. Quare idem Waddingus loco mox laudato num. XII., tot fultus testimoniis, asserere non dubitavit:

„ E

,, E lateris vulnere ſtillabat ſanguis, non adeo
,, minutim ſemper, nec per guttas, ſed in
,, tantum ſæpe, ut beati Viri tunica, & ſub-
,, ligaculum cruore infecta ruberent. Colle-
,, gerunt Socii ex hoc ſanguine quod pote-
,, rant, magno ſtudio, & reverentia in am-
,, pullis eum ſervantes. Una habetur in Con-
,, ventu Caſtri veteris Patrum Conventualium
,, Cuſtodiæ Aquilanæ, ex qua bonam partem
,, ſanguinis magnis precibus, pioque aſtu acce-
,, pit triginta quatuor ab hinc annis excellen-
,, tiſſimus Dominus Dux Cæſius & Aquaſpar-
,, tanus, qui magna ſolemnitate per publicas
,, plateas in ſolemni & numeroſa ſupplica-
,, tione fratrum, & candidatorum Archicon-
,, fraternitatis Stigmatum, quorum multi vi-
,, ri nobiles, & Principes, circumfertur quo-
,, tannis hic in Urbe in ipſa ſolemnitate Stig-
,, matum, magno miraculo illo die ebulliens,
,, & liquefactus, ut etiam evenit alteri par-
,, ti, quæ remanſit in loco Caſtri veteris.
,, Porro hanc Romanam, quam præ manibus
,, habui, ſingulari in reverentia apud ſe ſer-
,, vat excellentiſſimus heros præfatus.,, Nunc
autem dictis confratribus dono data ab iſtius
ſucceſſoribus, & hæredibus, in Eccleſia Stig-

ma-

matum religiosissime custoditur, & defertur per vias, & plateas Urbis in festo S. Matthæi Apostoli a Ministro Generali totius Ordinis fratrum Minorum. Harum ampullarum altera extat item Romæ, coliturque in Ecclesia S. Mariæ de Capitolio, vulgo Aracæli, Minorum de Observantia, & singulis annis publice exponitur die quarta octobris S. Francisco sacra. Hanc specialiter adoravit Summus Pontifex, Pater, & Dominus noster Pius Papa VI. anno 1774., tunc adhuc Cardinalis, cum, ingressurus die sequenti Conclave, in quo ipsemet ad Petri Cathedram feliciter evectus fuit, in sero solemnitatis Seraphici Parentis ad Ecclesiam prædictam de Capitolio reverenter accessit, sicuti pro sua pietate, & singulari devotione quotannis accedit, eadem solemnitate recurrente, Missamque celebrat ad S. Francisci aram, in qua prædicta ampulla cum sanguine solemniter exposita conspicitur.

Si ergo Stigmata illa sacra per duos annos, & dies, quos Vir Sanctus eisdem ornatus hic duxit mortalis, adeo comperta fuerunt, ut oculis videri, & manibus palpari potuerint, ac plurimi revera ea vel se vidisse,
& pal-

& palpasse fatentur, vel ab aliis visa, & palpata fuisse scribunt, quin isti, adhuc viventes dum hæc dicebantur, sese opposuerint, impressio Stigmatum in corpore S. Francisci, juxta regulas critices, vera est, & indubitata. Imo eo certior, quo ipsimet citati ab auctoribus ut oculati testes, nedum, ut dicebam, non contradixerunt, sed rem subinde ita esse etiam juramento firmarunt. Etenim ex capite immediate sequenti, & ex alio constabit, fere omnes ut testes oculatos adductos, examinatos in causa canonizationis Viri Seraphici, tactis sacrosanctis Evangeliis ea omnia confirmasse, quæ vel ipsimet, vel alii de ipsis de Stigmatibus istius ore dixerant, aut litteris consignaverant. Dicet quis nostri sæculi nasutus criticus, testes prælaudatos fratres fuisse, & S. Francisci discipulos, ac proinde suspectos esse ac debiles ad fidem faciendam, & ad Stigmatum veritatem extra omne dubium collocandam. At nos reponimus in primis, moderni hujus cavillationem periculosam esse, utpote quæ ansam præbeat infidelibus impie argumentandi contra Christum ipsum, ejusque vitam, & fidem, inquiendo nimirum, quæ scribunt Evangelistæ omnino certa non esse,

quia

quia isti familiares, & discipuli fuerunt ipsius Christi. Secundo addimus, quod si pro S. Francisci Stigmatibus testimonium sumendum non est ab ejus discipulis, & sociis, ab iis nempe, qui præ aliis rem scire poterant, quam Vir humillimus pro viribus ocultabat, profecto non video a quo alio certius, & validius sumi queat. Tertio dicimus, testes, & scriptores, qui S. Francisci Stigmatibus perhibuerunt testimonium, non omnes fuisse Minoritas, uti non fuerunt Joannes de Ceperano, Lucas Tudensis, Jacobus de Voragine, Matthæus Parisius, Cardinales plurimi, Alexander IV. & alii permulti, quos alibi audiemus. Inter testes oculatos Stigmatum S. Francisci viventis & ipse Gregorius IX. adnumerandus est, qui nondum Pontifex Viro Seraphico intimus, & familiaris, illa in ejus manibus, & pedibus vidit; sed cum ad Petri solium assumptus de ipso ageret inter Sanctos adscribendo, ac de sola laterali plaga, quam non viderat, dubitaret, certificatus fuit cælesti visione, quam Waddingus ad ann. 1228. num. 111. sic narrat: ,, Nocte quadam, ut ,, ipse pius Antistes, Bonaventura teste cap. ,, 15. referebat cum lacrymis, apparuit ei
,, in

,, in somnis indignato, commotoque vultu
,, Vir Sanctus, & hæsitationem cordis ipsius
,, redarguens, elevavit brachium dextrum,
,, detexit vulnus, phialamque poposcit ab
,, ipso, ut scaturientem reciperet sanguinem,
,, qui ex latere defluebat. Obtulit in visione
,, Summus Pontifex phialam postulatam, quæ
,, usque ad summum sanguine profluente de
,, latere videbatur impleri. Ex tunc ad illud
,, sacrum miraculum tanta cœpit devotione
,, affici, & æmulatione fervere, ut nullo mo-
,, do pati posset, quod aliquis præfulgentia
,, illa sacra signa, superba præsumeret im-
,, pugnatione fuscare, quin eum severa in-
,, crepatione feriret.,, Hæc ex Divo Bonaventura Annalista, sed hanc ipsam visionem referunt etiam alii non pauci, & ex his Augustinus Oldoni in additione ad Ciaconium in Vita Gregorii IX.

CAPUT IV.

Impreſſio Stigmatum in corpore S. Franciſci comprobatur teſtibus, qui ea pariter & viderunt, & palparunt in ejus morte.

QUoniam nonnulli ex allatis vitæ S. Franciſci ſcriptoribus, Stigmata ipſius viventis teſtes oculatos proferentibus, iidem illi ſunt, qui in funere S. Viri vel ipſimet viderunt, & palpaverunt pignora illa pretioſa, vel qui in confirmationem aſſerti proprii plures etiam nominatim exprimunt perſonas viventes, omnis gradus, conditionis, ac ætatis, ut ex hactenus dictis apparet, quas in tali circumſtantia ea pariter & palpaſſe, & conſpexiſſe dicunt, quin iſtæ ore aut ſcripto falſitatem detexerint; idcirco eædem, ac in ſuperiori capite, in præſenti etiam militant de teſtibus oculatis regulæ Criticorum. Citra dubium eſt, cunctis id fatentibus, qui de S. Franciſci obitu ſcripſere, Patri Seraphico infirmo, ac ſubinde mortuo apud S. Mariam de Portiuncula, ubi ,, ſuper nudam humum,, ut ſcribit S. Bonaventura in Legend. Min. *de*

tran-

transitu mortis Lect 3.„ se totum nudatum de-
„ posuit „ socios, & discipulos, præsertim in-
timiores, ac magis eidem familiares adstitis-
se, ac propterea Stigmata in ejus impressa
corpore commode tunc, & clare videre potuisse. Ex intimioribus hisce discipulis adstantibus fuerunt profecto fratres Leo, Angelus,
Ruffinus, ac Thomas de Celano, omnes, ut
perspeximus, Vitæ S. Francisci scriptores,
qui proinde uti testes oculati ea chartæ man-
darunt, quæ in morte, & funere ejusdem
propriis oculis viderunt. Celanus itaque in
Legenda antiqua, quæ & Gregorii IX. dicitur, lib. 2. cap. 4. scribit: „ Catervatim to-
„ ta Civitas Assisii ruit, & omnis accelerat
„ regio videre magnalia Dei, quæ in servo
„ sancto suo glorioso ostenderat Dominus ma-
„ jestatis .... Revera resultabat in eo forma
„ crucis, & passionis Agni immaculati, qui
„ lavit crimina mundi, dum quasi recenter
„ ex cruce depositus videbatur, manus &
„ pedes clavis confixos habens, & dextrum
„ latus quasi lancea perforatum. Intueban-
„ tur carnem illius, quæ nigra erat prius,
„ candore nimio renitentem .... Non sunt
„ contracti nervi ejus, ut mortuorum solent,
„ non

,, non indurata cutis, non rigida effecta sunt
,, membra, fed huc atque illuc vertentia fe,
,, veluti ponebantur. Cumque tam mira pul-
,, chritudine cunctis cernentibus refplende-
,, ret, & caro ejus nive candidior effet effe-
,, cta, cernere mirabile erat in medio ma-
,, nuum & pedum ipfius, non clavorum qui-
,, dem puncturas, fed ipfos clavos in eis im-
,, pofitos ex ferri recenti nigredine, ac dex-
,, trum latus fanguine rubricatum. Accur-
,, rebant fratres & filii, collacrymantes deo-
,, fculabantur manus & pedes pii Patris, eos
,, derelinquentis, necnon & dextrum latus,
,, in cujus plaga illius memoria celebris age-
,, batur, qui ex eo loco fanguinem & aquam
,, pariter effundens, mundum reconciliavit
,, Patri. Maximum fibi donum exhiberi cre-
,, debat quivis de populo, fi admittebatur,
,, non folum ad ofculandum, fed & ad viden-
,, dum facra Stigmata Jefu Chrifti, quæ S.
,, Francifcus portabat in corpore fuo.,, Hactenus Celanus, teftis, ut diximus, oculatus.

Ex his jam fatis intelligimus, vulnera S. Francifci defuncti omnibus fuiffe patentia, ac fratres extinctum ejus corpus e populorum

ocu-

oculis nequaquam fubtraxiffe, illud furtim abfcondendo, ne quod de ipfo vivente fuerat evulgatum, falfum eotunc coram omnibus detegeretur; amat enim tenebras mendacium, lucem amica veritas. Viderunt illud, ac in eo deofculati funt Crucifixi plagas viri fæculares permulti, & fratres plurimi, e quorum numero fuerunt quoque ejus vitæ fcriptores, & frater Elias, qui, ut vidimus capite primo, clariffimum & ipfe in fua Epiftola veritati perhibuit teftimonium, ficuti etiam tres prælaudati Socii, qui cap. 5. referunt, quod licet Pater Seraphicus ,, pro poffe abfconde-
,, rit ufque ad mortem fufcepta vulnera; poft
,, feliciffimum tamen ejus tranfitum omnes
,, fratres, qui aderant, & fæculares quam-
,, plurimi manifeftiffime ea viderunt. ,, Hæc omnia ferme ad litteram repetit Dominus Joannes de Ceperano, fecundus, ut innuimus, vitæ S. Francifci fcriptor, cujus, aliorumque narrationem confirmat, & mirifice illuftrat S. Bonaventura in utraque Legenda, & in Lectionibus *de Canonizatione, & de Translatione S. Francifci*. Etenim Lect. 2. fcribit:
,, Cernebantur quidem in membris illis feli-
,, cibus clavi ex ejus carne virtute divina mi-
,, ri-

„ rinçe fabrefacti, ficque carni eidem inna-
„ ti, quod dum a parte qualibet premerentur,
„ protinus quafi nervi continui, & duri ad
„ partem oppofitam refultabant. Inventa
„ quoque fuit patentius in ipfius corpore,
„ non inflicta humanitus, neque facta, pla-
„ ga vulneris lateralis, inftar vulnerati late-
„ ris Salvatoris, quod redemptionis, & re-
„ generationis humanæ in Redemptore noftro
„ protulit facramentum. Erat autem fimili-
„ tudo clavorum nigra quafi ferrum, vulnus
„ autem lateris rubeum, & ad orbicularita-
„ tem quamdam carnis contractione reda-
„ ctum, rofa pulcherrima videbatur. „ Hæc
tam fubtilis, & accurata Stigmatum defcri-
ptio, a cunctis Vitæ S. Francifci fcriptoribus
fideliter repetita, fieri haud quaquam poterat, nifi attente ac diligenter ea infpecta, &
contrectata fuiffent, idque maxime dicendum
venit de laterali plaga, quæ cum a Seraphico
Doctore inventa dicatur, conquifita profecto
fuit, quoniam verbum *invenio* in hoc a *repe-
rio* differt, quod fecundum, grammatice, &
proprie adhibeatur ad rem exprimendam cafu, & fortuito repertam, illud vero ad rem
indicandam perquirendo inventam. Optime

id

id notat ipsemet S. Doctor, qui exponens cap. 1. Joannis, super hæc verba, *& invenit Philippum*, inquit: „ Non casualiter, „ sed ex proposito invenitur, quod perdi-„ tum; „ unde & de muliere Evangelica drachmam perditam perquirente, Lucæ 15. dicitur: „ Quærit diligenter, donec inve-„ niat.„

Lectione 3. prosequitur S. Bonaventura, dicens: „ Cum igitur in candidissima carne „ clavi nigrescerent, plaga vero lateris ut „ vernans roseus flos ruberet, mirandum non „ est, si tam formosa, & miraculosa varie-„ tas jucunditatem, & admirationem con-„ tuentibus ingerebat. Lacrymabantur filii „ pro subtractione tam amabilis Patris, sed „ & non modica perfundebantur lætitia, dum „ deosculabantur in eo signacula summi Re-„ gis. Miraculi novitas planctum vertebat „ in jubilum, & intellectus rapiebat indagi-„ nem in stuporem. „ Lect. vero 4. scribit: „ Erat quippe tam insolitum, tamque insigne „ spectaculum contuentibus omnibus, & „ firmamentum fidei, & incitamentum amo-„ ris, audientibus vero admirationis mate-„ ria, & excitatio desiderii ad videndum. „

Fratres igitur, & difcipuli S. Viri, ut dicebam, non artificiofe, ac fubdole in morte ejus egerunt, tranfitum celando, & corpus ab hominum afpectu fubtrahendo, uti revera egiffent, fi falfa, & ficta fuiffent vulnera in eodem impreffa, atque ut vera, ipfo vivente, promulgata, fed potius e contra & mortem, & miraculi novitatem fimpliciter, & confidenter protinus evulgarunt, quemlibet ad extincti corporis, & prodigii intuitum admiferunt, ut ab unoquoque veritas dignofci poffet, quam ipfi fratres, & alii prædicaverant.

„ Audito fiquidem „ fequitur ibid. S. Bonaventura „ Patris beati tranfitu, & fama „ diffufa miraculi, accelerans populus con- „ fluebat ad locum, ut id cerneret oculis „ carneis, quod a ratione dubium omne re- „ pelleret, & affectioni gaudium cumularet, „ Admiffi funt itaque Affifiates cives quam- „ plurimi ad Stigmata illa facra contemplan- „ da oculis, & labiis ofculanda. „ Neque id momento temporis, & furtive actum eft, neque ita, ut fenfus decipi, aut de veritate prodigii fanum, certumque judicium efformare nequiverint, cum per totam noctem & fra-
tri-

tribus, & sæcularibus personis plagas illas liberrime intueri, palpare, & osculari libuerit. ,, Fratres autem, & filii, qui vocati fue-
,, rant ad transitum Patris, cum omni multi-
,, tudine populorum, noctem illam, in qua
,, almus Christi Confessor decessit, sic divi-
,, nis laudibus dedicarunt, ut non defuncto-
,, rum exequiæ, sed Angelorum excubiæ vi-
,, derentur. Unus autem ex eis miles quidam
,, litteratus, & prudens, Hieronymus nomi-
,, ne, vir utique famosus & celeber, cum
,, de hujusmodi sacris signis dubitasset, es-
,, setque incredulus, quasi Thomas, auda-
,, cius, & ferventius coram fratribus, & aliis
,, civibus movebat clavos, Sanctique manus,
,, pedes, & latus manibus propriis contre-
,, ctabat, ut dum vulnerum Christi veracia
,, illa signa palpando contingeret, de sui, &
,, omnium cordibus omne dubietatis vulnus
,, amputaret. ,, Hæc Seraphicus Doctor, qui
de eodem milite Lect. 5. ita concludit: ,, Pro-
,, pter quod & ipse inter alios hujus veritatis
,, tam certitudinaliter agnitæ testis constans
,, postmodum effectus est, & tactis sacrosan-
,, ctis juramento firmavit,, quando scilicet
in causa Canonizationis Seraphici Parentis

una

una cum aliis plurimis oculatis testibus examinatus fuit. De hoc eodem milite loqui videtur etiam S. Antoninus Hist. tit. 24. §. 3. ac ipso etiam S. Bonaventura prius Tres Socii in Legenda cap. 5. ubi scribunt: Multorum
„ corda, qui de Viro Dei non recte sense-
„ rant, & de ejus Stigmatibus dubitaverant,
„ ad tantam fidei magnitudinem sunt muta-
„ ta, quod qui prius detractores ejus fuerant,
„ bonitate Dei operante, & ipsa veritate co-
„ gente, ipsius laudatores, & praedicatores
„ fidelissimi extiterunt. „

Non solum autem nocte illa, qua S. Francisci corpus jacuit extinctum in Conventu Portiunculae, ubi anima illius in sero diei Sabbati ad Caelum evolaverat, illud universis patuit confluentibus populis, qui sacra illa vulnera & videre, & contemplari potuerunt, sed etiam die Dominico sequenti, cum ad Ecclesiam S. Georgii deferretur tumulandum, Sancta Clara Virgo cum suis Sororibus, & alii plurimi signa illa mirifica in eodem corpore & conspexerunt, & osculati sunt. „ Ma-
„ ne vero facto „ scribit adhuc idem Seraphicus Doctor „ turbae, quae convenerant,
„ acceptis arborum ramis, & cereorum mul-
„ ti-

,, tiplicatis luminibus, cum hymnis, & can-
,, ticis facrum corpus ad civitatem Affifii de-
,, tulerunt. Tranfeuntes autem Ecclefiam S.
,, Damiani, in qua illa Virgo nobilis Clara,
,, nunc gloriofa in Cælis, tunc inclufa cum
,, virginibus morabatur, ibique aliquantu-
,, lum fubfiftentes, facrum corpus, marga-
,, ritis cæleftibus infignitum, videndum, &
,, ofculandum illis facris virginibus obtule-
,, runt.,, Hæc eadem ipfe habet etiam in
Legend. Maj. cap. 13. ubi ait ; ,, Viderunt in
,, morte plufquam quinquaginta fratres, Vir-
,, goque Deo devotiffima Clara cum ceteris
,, fororibus fuis, & fæculares innumeri, ex
,, quibus quamplurimi & ofculati funt ex
,, devotionis affectu, & contrectaverunt ma-
,, nibus ad teftimonii firmitatem ;,, Idipfum
fcripferunt antea quotquot S. Francifci Vitam
adornarunt, ac de Stigmatibus ejus loquuti
funt, quorum, ne tædio lectores afficiamus,
unum hic exfcribemus Thomam de Celano,
lib. 2. cap. 4. Vitæ prioris, de translatione corporis beatiffimi Patris ab Ecclefia Portiunculæ ad illam S. Georgii ita referentem: ,, De-
,, ponentibus eum in Ecclefia S. Damiani,
,, in qua decem filiæ fuæ, quas Domino ac-
,, qui-

,, quisiverat, morabantur, aperta est fene-
,, stra parvula, per quam ancillæ Christi
,, constituto tempore communicare solent
,, Dominici Corporis Sacramento; aperta
,, est arca, in qua portabatur a paucis, qui
,, multos portare solebat, & ecce Domina
,, Clara, quæ erat aliarum mater, & prima
,, plantula hujus sancti Ordinis fuit, venit
,, cum reliquis filiabus ad videndum Patrem...
,, Sicque inter lætitiam positæ, & mærorem,
,, deosculabantur splendidissimas manus ejus,
,, ornatas pretiosissimis gemmis, & coruscan-
,, tibus margaritis. ,, Eadem subinde scripserunt etiam auctores omnes, qui de eodem
argumento Stigmatum post S. Bonaventuram
egerunt, ac horum aliqui addunt, S. Claram
vim eotunc fecisse, ut clavum unum e S. Viri
manibus abstraheret.

Cum auctore libri, *Speculum Vitæ B. Francisci, & Sociorum ejus*, addere placet, etiam Dominam Jacobam de Septemsoliis, Romanas inter matronas nobilissimam, ac S. Francisci viventis discipulam, eique summe devotam, ejus vulnera in morte & vidisse, & osculatam esse. Cum namque de S. Patris imminenti obitu cælitus admonita Roma Assisium

fisium se contulisset, cuncta secum detulit, quæ pro funere, & sepultura ejus necessaria erant, & ingressa locum, ubi Magistri extintum corpus jacebat „ procidens ad illos pe-
„ des, divinis characteribus insignitos, tan-
„ tam ibi accepit consolationem, & gratiam,
„ & copiam lachrymarum, quod sicut Mag-
„ dalena, oscula circumquaque, quasi alte-
„ rius Christi pedibus, fidelia labia impri-
„ mebant; ita quod fratres pedibus Sancti
„ non poterant illam avellere. „ Cum auctore vero antiqui Dialogi Sacri Montis Alvernæ, apud auctorem Novi lib. 1. cap. 8. concludimus „ vidisse, palpasse, & oscula-
„ tos esse vulnera S. Francisci defuncti om-
„ nes fratres, qui eidem morienti adstite-
„ runt, cum se nudum super terram depo-
„ suit, numerosam populi multitudinem,
„ Dominam Jacobam de Septemsoliis, S.
„ Claram cum suis Sororibus, & alios „ ac horum plures post paucos menses juridice examinatos, omnia, quæ recensiti scriptores de ipsis referunt eotunc viventibus, juramento firmasse, uti clarius, & fusius in sequenti capite dicetur. Interim advertere juvat, etiam Lucam Tudensem, & Jacobum

de

de Voragine, capite secundo relatos, asserere, Stigmatum S. Francisci defuncti a plurimis inspecta fuisse; quemadmodum fatentur etiam Summi Pontifices Gregorius IX. & Alexander IV. quorum verba hic pro coronide audire non pigeat. Primus in litteris, *Usque ad terminos*, in quibus increpat audaciam Friderici Episcopi Olomucensis in Moravia, veritatem Stigmatum eorumdem negantis, inquit: „ Firmiter crediturus, quod idem
„ Sanctus, cum adhuc nostræ mortalitatis
„ habitum bajularet, prædictis Stigmatibus
„ extitit insignitus; & licet illa visa pluribus, ipse tamquam contemnens laudes hominum, vacansque contemplandæ dulcedini cælestium organorum, celare semper studuerit, ea tamen migrans ad Paradisi patriam concurrentium obtuitu publicavit. „ Alexander vero IV. in Constitutione, alibi etiam citata, *Benigna operatio*, quam confirmavit Nicolaus IV. per suum diploma, *Quasdam litteras*, universos ita alloquitur Ecclesiarum Prælatos: „ Signanter
„ vobis ante oculos proponere volumus recolenda frequentius, & vehementius admiranda illa saltem jucunda Dominicæ pas-
„ sio-

„ fionis infignia, quæ in ejufdem Sancti
„ (Francifci) corpore manus cæleftis ope-
„ rationis impreffit. Viderunt namque ocu-
„ li fideliter intuentes, & certiffimi palpan-
„ tium digiti palpaverunt, quod in manibus
„ ejus, & pedibus expreffa undique fimilitu-
„ do clavorum de fubjecto proprio carnis ex-
„ crevit, vel de materia novæ creationis ac-
„ crevit, quæ equidem idem Sanctus ftudio-
„ fe ab oculis hominum, quorum refugiebat
„ gloriam, dum viveret, abfcondebat. In-
„ venta eft patentius in ipfius defuncti cor-
„ pore, non inflicta humanitus, nec facta,
„ plaga vulneris lateralis, quafi aliquid in-
„ ftar lateris Salvatoris &c. „

Sed cur adhuc in hifce detinemur, cum & ipfi Centuriatores Magdeburgenfes fateantur, S. Francifci Stigmata in ejus defuncto corpore, & a fratribus, & a confluentibus populis infpecta fuiffe? Centuria fiquidem 13, cap. 10. non ut veritatem doceant, & amplectantur, fed ut hanc irrideant pro more, de funere Seraphici Viri ita fcribunt: „ Mona-
„ chi, & Affifinates cives conveniunt, tum
„ ut illa Stigmata intuerentur, & ofcularen-
„ tur, tum etiam ut corpus exanime terræ
„ man-

„ mandarent. Deferunt igitur, geſtantes ra-
„ mos arborum, & cereos, primum ad Da-
„ miani templum, in quo Clara degebat,
„ ut illa cum Sororibus ipſum deoſculare-
„ tur. „

CAPUT V.

Impreſſio Stigmatum in corpore S. Franciſci ex iis, quæ in ejus Canonizatione dicta fuerunt, invictiſſime probatur -

Paucis a morte Seraphici Patris elapſis diebus, fama miraculorum, Stigmatum præſertim, quod inauditum prodigium innumeri oculati teſtes pleno ore celebrabant, permotus Summus Pontifex Gregorius IX., qui in Cardinalatus honore conſtitutus S. Viri familiaritate uſus fuerat, & eximias virtutes admiratus „ cuique Vir Sanctus prophetando „ prædixerat, quod ad dignitatem foret Apo-
„ ſtolicam ſublimandus „ de ipſo inter Cælites adſcribendo cogitare cæpit. Ut rite, & canonice in re tam gravi procederet, totius Umbriæ Epiſcopis inquiſitionem, & examen juridicum demandavit omnium miraculorum.

lorum, quæ per eorum civitates, diœceses y ac ditiones evulgabantur ab illis, qui palam fatebantur beneficia per eum accepta. Anno a transitu Viri Sanctissimi expleto, iidem Episcopi confectos processus ad eumdem transmisere Pontificem, qui exactiori discussione examinandos Cardinalium cœtui eos consignavit. Ex his cum obstarent nonnulli tanti negotii accelerationi, faverent alii, qui viventem Dei Servum agnoverant, sanctitatem ejus probaverant, ac etiam vulnera intuiti, & contemplati fuerant, Gregorius IX. in hac opinionum varietate horum primis idem examen commisit, quemadmodum *de Canoniz. & de Translat. S. Francisci* Lect. 6. & 7. scribit S. Bonaventura, & ait: „ Cumque in di-
„ versis orbis partibus gloriosa ejus miracu-
„ la, largaque per ipsum impetrata beneficia
„ plurimos ad Christi devotionem accende-
„ rent, & ad ipsius Sancti reverentiam inci-
„ tarent, acclamantibus tam linguis sermo-
„ num, quam operum, ad aures Summi
„ Pontificis Domini Gregorii Noni, quæ per
„ servum suum Franciscum Deus operaba-
„ tur, magnalia pervenerunt. Sane cum
„ idem Pastor Ecclesiæ non solum & mira-
„ culis

„ culis auditis poſt mortem, verum etiam
„ experimentis in vita, oculis viſis, & mani-
„ bus contrectatis ſanctitatem ejus mirabilem
„ plena fide certificatus agnoſceret, ac per
„ hoc in cælis glorificatum a Domino nulla-
„ tenus dubitaret, ut Chriſto, cujus erat
„ Vicarius, concorditer ageret, hunc in ter-
„ ris reddere celebrem, tamquam omni ve-
„ neratione digniſſimum, pia conſideratione
„ diſpoſuit. Ad omnem quoque certitudinem
„ faciendam orbi terrarum de glorificatione
„ Viri Sanctiſſimi, inventa miracula, & con-
„ ſcripta, & teſtibus idoneis approbata, exa-
„ minari fecit per illos, qui minus inter Car-
„ dinales favorabiles negotio videbantur.
„ Quibus diligenter diſcuſſis, & ab omnibus
„ opprobatis, de Fratrum ſuorum, & om-
„ nium Prælatorum, qui tunc erant in Cu-
„ ria, concordi conſilio, & aſſenſu canoni-
„ zandum decrevit, venienſque perſonaliter
„ ad civitatem Aſſiſii anno Domini milleſimo
„ ducenteſimo vigeſimo octavo, decimoſe-
„ ptimo Kalendas Auguſti die Dominico cum
„ maximis, quæ longum foret enumerare,
„ ſolemniis, beatum Patrem catalogo San-
„ ctorum adſcripſit. „

Celanus quoque post enarratum miraculorum examen, Perusii a Cardinalibus factum, lib. 2. cap. 1. Legendæ antiquæ concludit:
„ Concordant, & dicunt id ipsum omnes,
„ miracula legunt, & plurimum venerantur,
„ summisque præconiis vitam beati Patris,
„ & conversationem extollunt. Ideoque non
„ indiget, inquiunt, miraculorum attesta-
„ tione Sanctissimi vita sanctissima, quam
„ oculis nostris vidimus, contrectavimus ma-
„ nibus, magistra veritate probavimus.„ Ex hisce apparet, quam exacte, quam diligenter, ac rigide conquisita, & expensa fuerint S. Francisci miracula, illud præsertim sacrorum Stigmatum, quod a testibus oculatis quamplurimis assertum, & juridice medio juramento firmatum, in causa fuit præcipua, cur Pater Seraphicus inter Sanctos adscriberetur. Siquidem Gregorius IX. in litteris, *Usque ad terminos*, prius datis Episcopo Olomucensi, ut in præcedenti capite dictum est, moxque directis *ad Universos per Teutoniam constitutos*, ut ex Vaticano Codice apud Raynaldum, & ex Waddingo advertit Sbaralea in Bullario Franciscano Nota (d) sic aperte se exprimit: „ De Stigmatibus vero plures fide
„ di-

,, digniffimi, quos miraculi tanti confcios di-
,, vinæ placuit reddere poteftati, (pietati)
,, teftimonium veritati perhibeant, & ad ip-
,, fum hoc fidelis Mater Ecclefia fuffragetur,
,, quæ ex hujufmodi miraculo, cum multis
,, aliis habita folemnitate probato, caufam
,, fpecialem habuit, quod eumdem Sanctum
,, Beatorum catalogo reverenter adfcripfit.,,
Eadem habet idem Pontifex etiam in aliis
duabus litteris, *Non minus dolentes*, &, *Confeffor Domini gloriofus*. In primis namque
editis contra Moravum quemdam Fratrem,
qui S. Francifci Stigmata negabat palam &
publice in concionibus, alloquens Gregorius
Superiores iftius, ita poftmodum ejufdem refert, ac damnat audaciam dicens:,, De præ-
,, dicante tranfiens in blafphemum, in com-
,, muni dicere non expavit, quod in laudem
,, Beati Francifci per quofdam ex difcipulis
,, fuis pie propofita deberent haberi pro re-
,, probis, quod in ejus corpore Stigmata non
,, fuiffent. Quid ultra? nec Chrifto, qui
,, Sanctum eumdem manibus, pedibus, ac
,, latere hujufmodi Stigmatum privilegio de-
,, coravit, nec Nobis, qui ex tanto miracu-
,, lo, cum ceteris folemniter probato, cau-
,, fam

„ sam specialem habuimus, quod ipsum ad-
„ scripsimus catalogo Sanctorum, deferen-
„ do.„ In secundis vero, scriptis *Universis*
Christifidelibus, quas deinde confirmarunt
Nicolaus III. *Litteras felicis*, & Nicolaus
IV. *Tenorem quarumdam.*, ita loquitur :
„ Grande, ac singulare miraculum, quo ip-
„ sum (beatum Franciscum) Sanctorum
„ splendor, & gloria Dominus Jesus Chri-
„ stus mirabiliter decoravit, universitati ve-
„ stræ tenore præsentium non indigne duxi-
„ mus exprimendum; videlicet, quod idem
„ Sanctus, cum adhuc spatium præsentis vi-
„ tæ percurreret, & postquam illud feliciter
„ consummavit, manibus, latere, ac pedi-
„ bus specie Stigmatum extitit insignitus.
„ Quo ad nostram, & Fratrum nostrorum de-
„ ducto notitiam, & cum ceteris ejus mira-
„ culis per testes fide dignissimos probato,
„ solemniter, & ex ipso specialem causam
„ habuimus, quod Confessorem eumdem de
„ dictorum Fratrum, & omnium Prælato-
„ rum consilio, qui tunc apud Sedem Apo-
„ stolicam existebant, Sanctorum catalogo
„ duximus adscribendum.

Confirmat hæc omnia Alexander IV. in
suis

suis litteris alibi citatis, *Benigna operatio*, scribens,, Pontificem laudatum solertissimis ,, inquisitionibus indagasse miracula S. Fran- ,, cisci, & comperta fidelissimis documentis, ,, fecisse ad laudem Dei, & augmentum fi- ,, dei, & instructionem salubrem tam præ- ,, sentium, quam etiam futurorum monu- ,, mentis perpetuis commendari, eumdem ,, Confessorem Sanctorum catalogo adscri- ,, bendo.,, Harum tum Gregorii IX. cum Alexandri IV. Epistolarum mentionem faciunt etiam Baronius in notis ad Martyrol. Roman. die 17. Septembris, & Raynaldus ad ann. 1237. num. LX. Fatentibus autem Waddingo ad ann. 1237. num. IV., Sbaralea in Bullario Franci- scano Nota (d) ad præcitatum diploma Grego- rii IX. *Confessor Domini*, & auctore Dialogi Sacri Montis Alvernæ lib. 2. cap. 7. Marcus Trivisanus Venetus in suo opere MS. *de In- dultis Sedis Apostolicæ Ordini Fratrum Mi- norum*, Assisii in Sacrario Ecclesiæ S. Franci- sci se vidisse scribit aliud Gregorii IX. diplo- ma, incipiens, *Seraphim volabant*, in quo Pontifex mandat sub anathematis pæna, ut nemo S. Francisci Stigmatibus detrahat, hor- taturque omnes, ut eorumdem veritati firmis- sime

sime comprobatæ præbeat assensum. Et sane, testes de veritate Stigmatum Seraphici Patris in judicium eotunc advocati, ac juridice diligenterque examinati, illi ipsi fuerunt, qui in eodem Viro Seraphico vivo, vel mortuo illa, ut ajebam & viderant, & contrectaverant, cives nempe Assisienses, &,, fratres ,, plurimi, qui licet essent propter sanctita,, tem præcipuam,, ut de eis testatur in Legend. Maj. S. Bonaventura cap. 13.,, viri per ,, omnia fide digni, tamen ad omne dubium ,, amovendum, sic esse, ac se vidisse, tactis ,, sacrosanctis, juramento firmarunt.,, Hisce diligenter peractis, Gregorius IX. cum tota Romana Curia, ut audivimus, Perusio Assisium personaliter se contulit, ut ibi, præsente cadavere S. Francisci, solemnia canonizationis ejus in Ecclesia S. Georgii, nunc S. Claræ, celebraret. Initium his datur a concione, quam de laudibus Seraphici Viri habuit supremus Pastor, pontificalibus indutus vestibus, coram infinita propemodum populi multitudine; assumpto themate ex Ecclesiastici cap. 50.,, Quasi stella matutina in ,, medio nebulæ, & quasi luna plena in die,, bus suis lucet. Et quasi sol refulgens, sic

,, ille

„ Ille effulſit in templo Dei.„
„ Prædicat primitus populo univerſo „ profequitur Celanus loco citato „ Gregorius
„ IX. ... Completur fermo fidelis, & omni
„ acceptione dignus. Et unus ex Subdiaco-
„ nibus Domini Papæ, nomine Octavianus,
„ miracula Sancti coram omnibus voce altiſ-
„ fima legit. Dominus Ramarius (Raynerius
„ Capoccius Viterbienfis) Diaconus Cardi-
„ nalis, perfpicaci pollens ingenio, pieta-
„ te ac moribus clarus, ea facris loquelis,
„ lacrymis profufus edifferit.„ Auctor quoque Vitæ Gregorii IX. apud Raynaldum ad ann. 1228. num. XXXII. agens de S. Francifci Canonizatione, ab hoc Pontifice peracta, fcribit:„ Poft miracula recitata, & diligen-
„ ter expofita, beatiffimus Præful profufis
„ lacrymis B. Francifcum, Crucifixi mini-
„ ftrum, cujus corde, & corpore Stigmata
„ portabat, decrevit in catalogo Sanctorum
„ annotandum.„ Aderant his omnibus, ac inter S. Viri miracula, altiffima voce recitata, illud inauditum a fæculo facrorum Stigmatum, audiebant Epifcopus, Clerus, nobiliores cives Affifienfes cum aliis ejufdem Urbis, aliarumque finitimarum omnis ætatis,

tis, & conditionis perfonis, quarum perplures S. Francifci corpus in ejus morte & viderant, & contrectaverant, atque ut oculati teftes in judicium vocatæ fuerant, cum de ipfius miraculis proceffus efformarentur. Quis igitur in animum fibi inducat, Pontificem, & Cardinales enunciare voluiffe miracula, ac præfertim S. Viri Stigmata celebrare coram illis, qui ftatim in ipfa Ecclefia infurgere poterant, & falfa hæc, atque conficta conclamare? Quis credat id fieri potuiffe coram fratribus, ejufdem Sancti difcipulis, & fociis, qui omnes, ut vidimus, ejus corpus exanime confpexerant, & palpaverant, horum vero nonnulli hoc etiam vivens, & mortale quotidie præ oculis habuerant, & in infirmitate curaverant? Nemo fane., nifi fungum pro cerebro habeat; in Pontifice, & in Cardinalibus, tantam impudentiam, in adftantibus vero, & audientibus univerfis tantam ftupiditatem, & hebetudinem affirmabit, ut illi S. Francifci Stigmata altiffima voce prædicare voluerint, horumque teftes oculatos proferre ex auditoribus quamplurimos, ac iftorum nullum contra clamaffe, & impofturam detexiffe. Ad rem proinde noftram optime

hic

hic ufurpari poffunt, quæ Muratorius de Ingen. Moderat. lib. 3. cap. 11. fcribit contra Phereponum, five Joannem Clericum, Sanctos Eccleſiæ Doctores Ambrofium, & Auguftinum ut falforum miraculorum venditores accufantem, quæ de hifce a Muratorio dicuntur, de Gregorio IX., & Cardinalibus prædictis intelligendo.

„ Si velimus tantos viros miracula confinxiffe, & quidem in lucrum ac utilitatem propriam, quo nil turpius excogitari poteft, neceffe eft, ipfos mortalium, & chriftianorum perditiffimos, & hypocritas, & religionis in fpeciem tantummodo cultores prius credere.... Miracula a Gregorio IX. & Cardinalibus memorata nullas impofturæ notas fecum adferunt, immo tot habent veritatis indicia, ut quando ea falfi poftulare, aut fufpicari liceat, nihil certi jam fuperfit in humana divinaque hiftoria, nihil quod fraudem, & mendacium redolere non poffit. „ Ut vero adhuc verba depromamus ex eodem oppugnante ipfum Clericum, falfa & ficta effe fcribentem prodigia a Deo patrata in inventione Sanctorum Martyrum Gervafii & Protafii, & inter hæc cæci cu-

cujufdam illuminationem, univerfis Mediolanenfibus notiffimi, relatam a Paulino tefte oculato, & Vitæ S. Ambrofii fcriptore, paucis, ut fupra, immutatis verbis, profequimur, Pontifici nempe, & populo Affifienfi applicando, quæ Muratorius de S. Ambrofio, & civibus Mediolanenfibus ait: ,, Clero, ac
,, populo fpectante peracta funt omnia . . . .
,, Oculis fuis Affifienfis populus viderat S.
,, Francifci Stigmata in ejus corpore impref-
,, fa. Fidentiffime id palam per Cardinales
,, Gregorius repetit. Quis credat hæc omnia
,, commenta, fraudes, ac illufiones fuiffe?
,, Num adeo ftupidi, ac bardi tum fuere po-
,, puli, ut fibi hæc obtrudi paterent, &
,, fuofmet oculos miraculorum teftes appella-
,, ri audirent, quæ tamen ipfi nequaquam
,, afpexiffent? Num imprudens adeo Ponti-
,, fex, ut tanta fecuritate coram tot teftibus
,, appellatis rem invifam vifam pronuntiaret?
,, Immenfo populo tefte,, inquit de cæco illuminato S. Auguftinus, tunc Mediolani degens, lib. 9. Confefs. cap. 7. ,, res gefta eft ,, quod & nos dicemus de S. Francifci Stigmatibus, in ejus extinto corpore apparentibus,
,, Si locum fraus habuit ,, profequitur S. Doctor

ctor de prædictorum Martyrum prodigiis, & nos cum eodem de Stigmatibus prædictis p ro sequimur ,, quei tam felix fraus esse potuit, ,, ut detegi unquam potuerit ? Sicuti, ut Muratòrius concludit ,, sine populi conspira- ,, tione cæcus simulari non puterat subita ,, oculorum luce donatus ,, ita, & nos concludimus, absque conspiratione consimili S. Francisci Stigmata confingi, & publicari nequibant.

Accedit, quod ipsemet Gregorius IX. & ex Cardinalibus adstantibus quatuor, alibi jam nominati, & inferius iterum nominandi, Stigmata ipsa in corpore S. Francisci mortalis & viderant, & palpaverant, ut ipsimet fatentur apud Celanum jam allatum, dicentes: ,, Non indiget miraculorum attestatione San- ,, ctissimi vita sanctissima, quam oculis no- ,, stris vidimus, contrectavimus manibus, ,, magistra veritate probavimus ,, quod etiam de visione, & contrectatione sacrorum Stigmatum eos dixisse putamus ex testimonio Seraphici Doct. in Leg.Maj.c.13.dicentis: ,, Vide- ,, runt, dum viveret, ex familiaritate, quam ,, cum Viro Sancto habebant, aliqui Cardina- ,, les,,atque ii sane fuerunt,qui,referente S.Bo-

na-

naventura „ laudes facrorum Stigmatum pro-
„ fis, & hymnis, & antiphonis, quas ad
„ ipfius ediderunt honorem, veraciter. infe-
„ rentes, tam verbo, quam fcripto perhibue-
„ runt teftimonium veritati.„ In ipfa namque S. Francifci canonizatione cecinerunt
Pontifex, & laudati Cardinales, hymnos, &
rithmos fere omnes, ex quibus poftea, juffu
S. Bonaventuræ Generalis Miniftri, & ex aliis
additis a Fratre Juliano, uti dicemus, compactum fuit Ecclefiafticum officium, quod
in folemnitatibus Seraphici Patris adhuc recitatur ab univerfis Minoritis, Conventualibus exceptis.„ Nonnulla „ inquit Andreas
Victorelli in additionibus ad Ciaconium ad
ann. 1228. „ quæ Minores in S. Francifci ce-
„ lebritate recitant, is (Gregorius IX.) con-
„ fecit, quem imitati funt Cardinales Otho
„ Candidus, Thomas Capuanus, Raynerius
„ Capoccius, qui, dum Vir Sanctus inter
„ Cælites referretur, de illius laudibus, &
„ miris operibus luculentam orationem ha-
„ buit, Stephanus Cafanova, five Poffano-
„ va.„ Idem afferit etiam Bernardus a Bef-
fa, jam, ut alibi etiam diximus, S. Bonaventuræ Secretarius, in lib. *de Laudibus* S. Fran-
ci-

cisci fol. 95. col. 1. ubi referens auctores, qui Vitam Seraphici Patris concinnarunt, inquit: „ In francia vero scripsit frater Julianus, „ scientia, & sanctitate conspicuus, qui „ etiam nocturnale Sancti officium in litera, „ & cantu composuit, preter ymnos, & ali-„ quantas antiphonas, ac responsoria, que „ summus pontifex, & aliqui de cardinali-„ bus in sancti preconium ediderunt. „ Partes igitur officii S. Francisci, non S. Bonaventura, ut cum Octaviano Sinveffano in orat. de laudibus Seraphici Doctoris volunt nonnulli, sed laudatus frater Julianus Teutonicus composuit.

Rem totam declarat, & in luce ponit Waddingus ad ann. 1228. num. LXXVIII., ubi post allatam Bullam canonizationis Seraphici Patris, ita scribit: „ Non solum sacris „ his ritibus Pontifex Sancti Viri nomen ex-„ tulit, verum & compositis a se hymnis, „ & rhythmis ecclesiasticis condecoravit. Illius opus sunt hymnus, *Proles de cælo pro-diit*, qui canitur in primis Vesperis diei festi, & prosa illa, olim solemnis, *Caput draconis*, necnon antiphonæ, *Sancte Fran-cisce propera*, & quæ recitatur defuncto

„ Ge

„ Generali Miniſtro, *Plange turba pauper-*
„ *cula*. Pontificis pietatem imitati ſunt plu-
„ rimi ex Cardinalibus, aliiſque Prælatis.
„ Reſponſorium illud octavum officii, *De*
„ *paupertatis horreo*, fecit Otho Candidus,
„ ſeu Blancus de Alerano ex Marchionibus
„ Montisferrati, Diaconus Cardinalis S. Ni-
„ colai in Carcere Tulliano, a Gregorio IX.
„ creatus. Hymnum nocturni, *In cæleſti*
„ *collegio*, atque alium in ſecundis Veſperis,
„ *Decus morum*, *Dux Minorum*, antiquam
„ proſam, quæ incipit, *Lætabundus*, Re-
„ ſponſorium ſeptimum, *Carnis ſpicam*, &
„ antiphonam, *Salve Sancte Pater*, *Patria*
„ *lux*, edidit Thomas Capuanus, Cardina-
„ lis Presbyter S. Sabinæ, ab Innocentio III.
„ creatus, quem maxime in ſcribendo car-
„ mine, & proſa oratione valuiſſe, atque
„ aliquas antiphonas eccleſiaſticas compo-
„ ſuiſſe, commemorat Ciaconius. Raynerius
„ Capoccius Viterbienſis, Cardinalis S. Ma-
„ riæ in Coſmedin, quem ſupra diximus, in
„ S. Viri canonizatione orationem habuiſſe
„ de gloria miraculorum, cecinit hymnum,
„ *Plaude turba paupercula*, qui cantatur in
„ Laudibus. Stephanus de Caſanova, qui-
„ buſ-

„ busdam de Fossanova, Romanus, Diaco-
„ nus Cardinalis S. Angeli ab Innocentio III.
„ creatus, postea Ecclesiæ Camerarius, cu-
„ jus nepotem equo lapsum, & mortuum,
„ coram eo, & aliis Cardinalibus S. Domini-
„ cus ad vitam revocavit, auctor est illius an-
„ tiphonæ, quæ quotidie canitur, *Cælorum*
„ *candor splenduit*; itaut plurima pars offi-
„ cii, quod Minoritæ in festo sui Institutо-
„ ris recitant, opus sit hujus Pontificis, &
„ prænominatorum Cardinalium . „ Cum
autem ad ann. 1224. num. XVIII. dixisset Annalista, S. Bonaventuram composuisse reli-
quas partes prædicti officii, id immediate ibidem retractans, ait : „ Licet Marianus, &
„ Annales Saxonici Manuscripti asserant,
„ totum officium, præter historiam, & pro-
„ sas recensitas, tam in littera, quam in
„ cantu ordinasse sub ejusdem Bonaventuræ
„ Generalatu, ejusque assensu, fratrem Ju-
„ lianum Teutonicum, virum in Ordine eru-
„ ditum, & ante ingressum in eumdem pri-
„ mum præcentorem in aula Regis Gallo-
„ rum . „

 Gregorium IX. & Cardinales prædictos
vulnera S. Francisci viventis conspexisse, &
pal-

palpasse, jam indicavimus, numquam vero ea negasse, aut falsa dixisse, satis superque constat ex eo, quod hæc eorum retractatio nullibi adinveniatur. Imo cum in actis canonizationis prædictæ juridice, præviocque diligenti examine ea probaverint, moxque in canticis adnotatis palam, & solemniter eadem confirmav*e*rint, de Stigmatum eorumdem veritate dubitari non potest;,, ex his enim ,, patet,, ut cum S. Bernardino Senensi loquamur, *de Stigmatibus Beati Francisci*, Serm. 3. art. 2. cap. 9.,, quod solemnis, & ,, authentica sit canonizatio gloriosi Franci- ,, sci, & Stigmatum ejus.,, Etenim Gregorius IX. in citata prosa, *Caput draconis*, iisdem recurrentibus canonizationis solemniis, de Stigmatibus ipsis ita cecinit:

> *Verum de Christi latere*
> *Novus legatus mittitur,*
> *In cujus sacro corpore*
> *Vexillum Crucis cernitur;*
> *Franciscus princeps inclytus*
> *Signum regale bajulat.*

Tho-

Thomas Capuanus in hymno, *Decus mo-*
rum, *Dux Minorum*, ad rem hæc habet:

> *Regis signum Ducem dignum*
> *Insignit manu, latere.*

Raynerius Capoccius in illo, *Plaude tur-*
ba paupercula, inquit:

> *Vili contectus tegmine;*
> *Sancto calescens flamine,*
> *Vicit algorem caumata*
> *Christi dum gestat Stigmata.*

Nunc juxta correctionem novi Breviarii a
me factam legitur:

> *Inter cæli charismata*
> *Christi recepit Stigmata.*

Stephanus a Casanova in antiphona præcitata sic se exprimit:

> *Cælorum candor splenduit,*
> *Novum sidus emicuit,*
> *Sacer Franciscus claruit,*
> *Cui Seraph apparuit,*
> *Signans eum charactere,*

Nunc in eadem correctione dicitur: *Obsignans eum vulnere.*

In volis, plantis, latere,
Dum formam Crucis gerere
Vult corde, ore, opere.

His omnibus addendum est, quod refert Albertus Stadensis, auctor & ipse coævus, vel quasi coævus, utpote qui suum Chronicon exornaverit ab initio mundi usque ad annum Christi 1241., quo ipse vivebat. Hic namque in eodem Chronico narrat, & ex eo scribit Waddingus cum aliis ad ann. 1228. num. IV. Gregorium IX. in canonizatione S. Francisci cum Cardinalibus,, istius corpus ex ipsa tumba ,, levasse, ea etiam de causa, ut Cardina- ,, lium, & virorum Principum votis satisfa- ,, ceret, ac inspicerent in integro corpore ,, pulchra illa Jesu Christi vestigia.,, Quæ cum ita sint, recte clarissimus Mansi in Notis ad Raynaldum Nota (L) ad ann. 1223. post descripta cum Doctore Seraphico S. Francisci Stigmata concludit: ,, Visa sunt a pluribus ,, hæc sacra Stigmata, quorum fides nemini ,, suspecta esse possit. ,,

Et re quidem vera, si innumeras recipimus

narrationes historicas, unius, vel alterius oculati, aut synchroni testis assertione, vel auctoritate firmatas, cur Stigmatum S. Francisci veritatem, tot tantisque testibus oculatis, & contemporaneis, etiam juramento proprium assertum confirmantibus, roboratam, negabimus?,, Illud factum ,, scribit Honoratus a S. Maria tom. 1. part. 2. dissert. 2. art. 6. ,, omnes veritatis notas habet, quod ,, memorant tamquam certum plures ejus- ,, dem ætatis scriptores. ,, De impressione Stigmatum in corpore S. Francisci id verificari, ex hactenus dictis ita liquet, ut celeberrimum hoc factum ex illis habendum sit, de quibus Muratorius loco desuper laudato lib. 1. cap. 18. scribit: ,, Sunt facta, quæ in Ec- ,, clesia Dei constituta fuere tamquam cer- ,, ta, quibus etsi adjungendus non est supra- ,, naturalis fidei assensus, non enim illa re- ,, ferre inter dogmata licet, nefas tamen ,, sit non amplecti, & non credere vera, ,, & qui credere, sive amplecti recusat, ,, hæretici cordis suspicionem non levem ,, contra se excitabit, aut saltem severita- ,, te legum ad meliorem sententiam per- ,, trahendus erit. ,, Spiritum sane veritatis

ini-

inimicum, atque ad hanc, utcumque lucidam, denegendam paratum habeat necesse est, qui factum historicum ut verum agnoscere, ac fateri detrectat, quod jam compertum, & sensibus patens, testes quamplurimi vel coævi, vel quasi coævi, probi, fidenter & uniformiter narrant, horumque nonnulli illud vel ab iis, qui viderunt, se audivisse scribunt, vel ipsosmet propriis oculis conspexisse, & manibus contrectasse affirmant, ac solemni etiam juramento testati sunt, quin vel ipsorum unus unquam se retractaverit, vel alter ejusdem ætatis auctor contradixerit. Quid, ut ajebam, vel cui credendum erit, si factum adeo suffultum denegetur, & fides non habeatur historicis, ipsum tam exacte, concorditer, & præcise referentibus, tamque solemniter testantibus? Quænam veritas in humana historia admittenda est, & ad quid Critici præscribunt regulas, quibus innixi de facto aliquo judicare, ac tuto de ejus veritate pronunciare possimus, quoties auctores, ac testes plurimi synchroni, & etiam jurati, omnis conditionis, & gradus non sufficiunt, eisque minime adhærendum est? Cum igitur impressio sacrorum Stigmatum in corpore S. Francisci Seraphi-

phici his omnibus, ut patet, rationibus, & argumentis Criticorum judicio firmissimis innitatur, juxta eorumdem regulas inconcussa, & humanitus certissima esse debet, nec ab alio, quam a manifestæ veritatis hoste negari potest. Ut enim, quod laudatus P. Honoratus tom. 1. dissert. 3. art. 1. ad rem suam habet, nos ad nostram usurpemus; concludimus ,, Factum hoc indubitatum esse, quia
,, sensibus obvium, & exploratum fuit, au-
,, ribus oculisque percipi poterat; visum
,, enim est unicuique. Portentum hoc nocte,
,, aut clam non accidit.,,

CAPUT VI.

Impresso Stigmatum in corpore S. Francisci auctoribus confirmatur, scientia, & pietate conspicuis, qui de iisdem Stigmatibus successive scripserunt.

ETsi, quæ hactenus dicta sunt, ex ipso Criticorum præscripto satis superque sufficiant, ut Stigmatum impressionem in corpore S. Francisci Seraphici veram, & realem fuisse credamus, libet nihilominus variis

; adhuc

adhuc auctorum testimoniis, qui post recensitos in præcedentibus capitibus idem argumentum vel attigerunt, vel illustrarunt, eamdem veritatem confirmare. Nec obest, quod eorum aliqui post ducentos etiam annos a morte S. Francisci floruerint, quia Criticorum nonnulli, ut in fine secundi capitis pariter advertimus, hunc quoque annorum circulum evolutum a facto usque ad auctorem, qui ipsum narrat, sufficere docent, ut in verbo auctoris hujus idem factum admittamus. Imo si, ut advertit centies laudatus P. Honoratus tom. 2. lib. 1. dissert. 2. art. 2. §. 3. ,, Launo-
,, jus, Tillemontius, Bailletus, Thierius,
,, Patres Thomassinus, Mabillonius, Ale-
,, xander, aliique in Historia Ecclesiastica
,, elucubranda, antiquorum Martyrum Actis,
,, & gestis Sanctorum illustrandis, maximum
,, statuere factorum historicorum numerum
,, fide scriptorum, qui ducentis, trecentis,
,, quadringentis, quingentis, & sexcentis
,, annis distant ab illis rebus ,, cur nos Stigmatum S. Francisci historiam, & narrationem non admittemus, factam ab auctoribus, ducentis, minusque annis ab horum impressione distantibus, veterum plurimorum testimonio

G sussuffultam? Si licuit illis, & nobis licebit ad majorem facti celeberrimi confirmationem, illorum auctoritatem proferre, qui ab eodem quamvis ætate distantes, pietatis tamen, & scientiæ laude commendantur, & rem narrant jam ante ipsos a plurimis coævis, vel quasi coævis, ac etiam oculatis testibus relatam, & descriptam.

Vetustus igitur auctor libri, *Speculum Vitæ B. Francisci, & Sociorum ejus*, alibi etiam citati, sub titulo, *Modus Stigmatizationis S. Francisci*, post relatam Seraphim apparitionem cum Celano, S. Bonaventura, & aliis, modum ipsum sic describit: „ Ap-
„ propinquante illo, vidit inter alas Jesum
„ Christum crucifixum, & vehementer ob-
„ stupuit, mæroremque compassionis super
„ Christo passo, & gaudium super ejus gra-
„ tioso aspectu mens ejus incurrit, ut dicitur
„ in Legenda, & cum archana verba sibi
„ revelasset, tandem dixit: para te, Fran-
„ cisce, faciam in te mirabilia. Et ille: tu
„ scis, Domine, quia paratus sum ad omnia
„ tua mandata. Tunc extendit manum suam
„ dexteram super beati Francisci manum dex-
„ teram ponendo, ad cujus contactum Fran-
„ ci-

,, ciscus vulneratus fuit in manu &c. ,, Sancia, Jerusalem, & Siciliæ Regina, in epistola scripta fratribus Minoribus, Perpiniani in Capitulo Generali anno 1331. congregatis, in qua eisdem commendat exactam propriæ Regulæ observantiam, de Stigmatibus Seraphici Patris confidenter sic loquitur: ,, Non
,, dubitetis, quod talis Regula fundata super
,, tali fundamento, scilicet Evangelio sancto,
,, & signata talibus sigillis, scilicet plagis Do-
,, mini nostri Jesu Christi, impressis in per-
,, sona dicti Patris communis, nullus potuit,
,, nec poterit frangere.,, S. Vincentius Ferrerius Serm. *in Festo S. Francisci*, scribit:
,, Et quia erat ita ardens in caritate, apparuit
,, sibi (ei) Seraphim. Et subito, ac si cum
,, balista emitteretur clavus quidam de nervo,
,, percussit manum dexteram, deinde sini-
,, stram, & in pedibus habuit plagas in tan-
,, tum, quod poterat dicere illud ad Galatas
,, ultimo: ,, *Ego enim Stigmata Domini Je-*
,, *su in corpore meo porto*. Dicatur quod ex
,, humilitate abscondebat plagas, ut vitaret
,, vanamgloriam. Dicatur de vulnere late-
,, ris, quod a Socio suo fuit inventum;,,

S. Bernardinus Senensis in suis operibus edit.

edit. Venet. 1745. paſſim de S. Franciſci Stigmatibus mentionem facit, hiſque teſtimonium perhibet evidentiſſimum. Ut ſit finis in eis afferendis, quæ de hoc argumento habet tum in Dialogo *inter Religionem, & Mundum*, qui legitur tom. 3., tum in Sermonibus diverſis, pauca exſcribemus ex tom. 4. Serm. 3. *de Stigmatibus beati Franciſci*, in quo totus eſt, ut hæc ipſa deſcribat, & laudibus extollat. Siquidem art. 2. cap. 4. agens *de apparitione Seraphica*, fere ad litteram repetit, quæ S. Bonaventura narrat in Legenda, atque hinc cap. 6. addit: „ Unde jam cum Apoſtolo ad „ Galat. 2. dicere poteſt: „ *Vivo autem ego,* „ *jam non ego, vivit vero in me Chriſtus;* „ & illud ad Galat. ultimo: *De cetero nemo* „ *mihi moleſtus ſit; ego enim Stigmata Domini* „ *Jeſu in corpore meo porto; gratia Domini no-* „ *ſtri Jeſu Chriſti*; quod quidem verbum Pa- „ pa Nicolaus III. in declaratione Regulæ „ noſtræ, ut habetur extr. de Verb. ſignific. „ cap. *Exiit qui ſeminat*, lib. 6. de S. Fran- „ ciſco intelligit eſſe dictum, cum nec Pau- „ lus, nec alius Sanctus auctoritate Eccleſiæ „ legatur in corpore ſuo portaſſe Stigmata „ hæc ſacra. „ Capite vero 7. art. citato ejuſdem

dem Sermonis cum eodem Seraphico Doctore Stigmatum naturam defcribit; capite 8. duodecim in eis adnotat miracula; & capite 9. inquit: ,, Hæc facra Stigmatizatio beati Fran-
,, cifci fanctitatis ejus approbatio, & authen-
,, ticatio fuit per Bullam crucifixi Dei viven-
,, tis.,, S. Antoninus Hift. part. 3. tit 24. fufe & ipfe de S. Francifci Stigmatibus verba facit, nam cap. 1. §. 3 fic eorum ab initio integram ponit hiftoriam : ,, Quiddam fingu-
,, lare conceffum fuit beato Francifco, quod
,, nulli inter natos mulierum legitur fuiffe do-
,, natum, & hoc eft impreffio Stigmatum fa-
,, crorum, ... Quia enim extincta videbatur
,, memoria paffionis Chrifti in mentibus homi-
,, num præ tepiditate eorum, voluit Domi-
,, nus excitare, & incalefcere hanc recorda-
,, tionem per impreffionem manifeftam cica-
,, tricum in corpore beati Francifci.,, Hujus mox hiftoriam profequens tum ibidem, tum cap. 2. §. 8. & 9., ubi pertractat de morte S. Francifci, eadem habet, quæ fcribunt S. Bonaventura, & alii in fuperioribus capitibus laudati. Dionyfius Carthufianus, qui obiit ann. 1471. ætatis fuæ 69. Serm. *de S. Francifco*, illud Apoftoli ad Galatas

ulti-

ultimo, *Ego Stigmata Domini Jesu in corpore meo porto*, de Seraphico Patre sic exponit: „ Hæc verba S. Paulus in propria dixit per„ sona ad litteram, quæ excellentissimo Con„ fessori beatissimo Patri Francisco valde su„ blimiter competunt, quoniam quinque vul„ nerum Christi impressuras, seu Stigmata, „ quæ erant realiter vera vulnera, in suo „ corpore accepit, ac tulit. „ Petrus de Natalibus in Catal. Vit. Ss. lib. 9. cap. 18. de *S. Francisco Confessore*, ad rem hæc habet: „ In visione Dei beatus Franciscus supra se „ crucifixum Seraphim aspexit, qui cruci„ xionis suæ signa sic ei evidenter impressit, „ ut crucifixus videretur & ipse. Consignan„ turque manus, pedes, & latus crucis cha„ ractere, sed diligenti studio ab omnium „ oculis Stigmata abscondebat; quidam ta„ men hæc in vita viderunt, sed in morte „ plurimi conspexerunt. „ Quoniam vero Joannes Baptista Thiers in sua dissertatione contra Patrem le Franc, in præfatione indicata, istius verbis, & Jacobi de Voragine abutitur, ut alibi quoque innuimus, idcirco an recte Criticus iste intelligat, capite ultimo hujus operis examinabimus.

Ac-

Accedat nunc ultimo Joannes Baptista Mantuanus Carmelita, celebris Poeta, qui lib. 10. Fastorum, de S. Francisco hæc edidit carmina:

... Christi ante oculos patientis imago
Semper erat, plagas, & verbera mente
ferebat,
Et quas mente tulit, Deus apparere figuras
Illius in membris voluit;nam vulnere pectus,
Vulnere signavit palmas,& vulnere plantas;
Sicut ab Asyria veniens regione futurum
Angelus admonuit Laterani in limine tem-
pli.

De S. Angelo Martyre, item Carmelita, intelligit hic Mantuanus, ac Bzovius quoque ad ann. 1220. num. XVI. refert, ipsum S. Angelum Divo Francisco Stigmata prædixisse, hunc vero eidem Angelo martyrium, & has prædictiones idem Poeta sic expressit:

Ad tua Franciscus sese vestigia flexis
Prostravit genibus, sacris dedit oscula
plantis.

Insuper adjecit : Salve , Pater Angele ,
 montis
Incola Carmeli , te mors manet inclyta ,
 Christi
Testis eris , tibi Rex divum decus annuet
 istud .
Te quoque Francisco memorant responsa de-
 disse
Talia: Solvendæ tanto pro munere grates,
O Francisce , Deo, sed erit tua gloria nus-
 quam
Inferior: tibi Christus enim sua vulnera
 quinque
Imprimet , & fies Christi patientis Imago .

Alii plures hic omittuntur omnis ætatis , & conditionis auctores, qui legi possunt & apud Henricum Sedulium, sub initio Historiæ Seraphicæ elogia in S. Patrem Franciscum recensentem, & apud Antonium Daza in peculiari de argumento Stigmatum libello . Si igitur firmissime tenendum est factum , ut monet Launojus in dissert. de Sulp. Sev. §. 16. ,, si de ,, eo diversis & temporibus, & locis scriptum ,, sit a pluribus exploratæ fidei viris , qui pro-
         ,, du-

„ ducantur in teftes„ citra dubium admittenda eft Stigmatum S. Francifci impreffio, a plurimis diverforum temporum, & locorum teftibus, ut apparet, afferta, & quidem exploratæ fidei, & integritatis viris. Horum autem auctoritas plurimi facienda eft ex eo præcipue, quod fi juxta Dupinum, & Fleurium „ nauci habendum eft quiquid novitius „ auctor enunciat haud innixum teftimonio „ veteris alicujus fcriptoris, qui rei geftæ æ-„ tate, vel certe propiori vixerit„ maximi exiftimandum erit, quod multi referunt, auctoritate fulti plurium veterum fcriptorum, qui facti cujufdam tempore, vel paucis ab eodem evolutis annis, vixerunt, ut in re, de qua agimus. Etenim ut, præter auctores quafi coævos capite fecundo allatos, adhuc alios ad majorem firmitatem hic addamus, hi erunt tres, Fr. Salimbene, Benedictus XI. & beatus Joannes Firmanus.

Primus, qui cum S. Francifci difcipulis familiaritatem habuit, ac B. Joannis Parmenfis, S. Bonaventuræ in minifterio Generalatus anteceffòris immediati, focius, & amicus fuit, in fuo Chronico fcribit: „ Anno Domini 1226. „ quarto nonas Octobris tranfiit beatus Fran-
„ ci-

,, ciscus Ordinis fratrum Minorum Inſtitutor,
,, & Dux ex hujus mundi naufragio ad cæle-
,, ſtia regna, die ſabbati ſero, & ſepultus eſt
,, die Dominico in civitate Aſſiſii, ornatus
,, Stigmatibus Jeſu Criſti. ,, Benedictus XI.
poſt annos tantummodo ſeptuaginta ſex a morte S. Franciſci, Stigmatum feſtum in univerſa Eccleſia inſtituit, quod nobis pro veritate Stigmatum eorumdem argumentum eſt invictiſſimum, cum Romani Pontifices nonniſi de re ſolemniter diſcuſſa, atque probata feſtum inſtituere ſoleant. Beatus Joannes Firmanus, ab Alverna dictus ob diuturnum triginta annorum in eo monte incolatum, Præfationem compoſuit, *Qui venerandum Confeſſorem*, quæ in Miſſis de S. Franciſco legitur a Minoritis, & in qua Stigmatum impreſſio clariſſime exprimitur. Hic namque vir ſanctitate conſpicuus, Ordinem ingreſſus anno 1272. miſſus deinde ad Alvernæ montem anno 1292. a Miniſtro Generali Fr. Raymondo Gaufridi, ibi vitam duxit ad annum uſque 1322., & die 9. Auguſti pie ſancteque deceſſit, ejuique Reliquiæ in Sacrario ejuſdem montis religioſe aſſervantur. Locum hic haberet quoque auctor officii ſacrorum Stigmatum, quod paulo

poſt

post istitutionem festi compactum, etiam nunc a Franciscanis, demptis Conventualibus, recitatur, sed alibi de ipso mentio facienda erit, ubi scilicet de eodem festo, quod nostri sæculi sapientes reprobare audent, specialiter agemus. Ex tot interim tantisque auctorum dictis, ad satietatem usque hactenus relatis, concludimus, Stigmatum impressionem in corpore S. Francisci Seraphici adeo veram esse, & certam, ut vix in historia Ecclesiastica factum inveniri possit, quod juxta criticen validioribus firmetur argumentis, & majori gaudeat certitudine, & evidentia.

CAPUT VII.

Impressio Stigmatum in corpore S. Francisci monumentis evincitur antiquissimis, ex iis præsertim, quæ adhuc in monte Alvernæ existunt, & conspiciuntur.

Factum quodcumque historicum pro vero & indubitato habendum esse docent Critici cum Carolo Leshio, apud P. Honoratum tom. 1. dissert. 3. art. 1. „ si factum ipsum „ ut etiam cap. 1. adnotatum fuit „ publicum sit;
„ &

,, & in Orbis totius conspectum venerit ; ac
,, ejus extent monumenta publica, & cære-
,, moniæ, quæ tum inde, cum res accidit,
,, exordium duxerint. ,, Stigmatum impressionem in corpore S. Francisci Seraphici, factum fuisse publicum, & in conspectum totius Orbis devenisse, ulteriori non indiget probatione, cum superius demonstratum sit ad abundantiam, omniumque populorum vox, & imagines ejusdem Sancti ubique terrarum existentes, quæ ipsum passionis Christi signaculis ornatum exprimunt, satis deprædicent, & confirment. Vix enim ex hujusmodi imaginibus invenietur una, quæ S. Franciscum sine Stigmatibus exhibeat, ne vetustissimis quidem exceptis, quia tum inde cum res accidit, statim cum hisce notis imagines ejus, sive pictæ, sive sculptæ exprimi cæperunt. Capite primo audivimus Alexandrum IV. in suis litteris, *Quia longum esset*, redarguentem Clericos *de Castelle, & Legionis Regnis*, signa hæc vel a S. Viri imaginibus abradentes, vel in eisdem fieri vetantes, id quod eumdem Pontificem egisse etiam in aliis litteris, datis Episcopo Januensi, intelligimus a S. Antonino Hist. part. 3. tit. 24. §. 10. & ab aliis. Gregorius

rius IX. fimiliter in fuo diplomate, *Usque ad terminos*, alibi citato, reprehenderat prius Episcopum Olomucenfem contendentem, „ quod cum folus Patris æterni Filius fuerit „ pro humana falute crucifixus, & ipfius dum„ taxat vulnera devotione fupplici adorare „ debeat religio Chriftiana, nec beatus Fran„ cifcus, nec Sanctorum aliquis cum Stigmati„ bus fit in Ecclefia Dei depingendus.„ Ex his pro inde habemus, S. Francifci imagines, quarum aliquæ quibufdam in locis adhuc exiftunt, ftatim ab ejus morte, vel faltem ab ipfius canonizatione, cum Stigmatibus pingi confueviffe, & publice exhiberi, & quidem de licentia fedis Apoftolicæ, quoniam, ut ait Sixtus IV. in Bulla, *Licet dum militans*, etfi „ S. Fran„ cifcus Ordinis Minorum fundator per bien„ nium antequam diem vitæ hujus clauderet „ extremum, facra Stigmata Chrifti ejus copori „ adeo impreffa portaffet, illaque, durante „ dicto biennio, a multis vifa & palpata fuif„ fent, tamen non licuerat dicti Ordinis pro„ fefforibus, ipfum gloriofum Sanctum cum „ hujufmodi Stigmatibus, quibus a Domino „ noftro Jefu Chrifto corpus ejus decoratum „ fuerat, pingi facere abfque Sedis Apoftoli„ cæ

,, cæ conceſſione, & licentia ſpeciali.,,

Extant igitur, ut Critici volunt, Stigmatum S. Franciſci monumenta publica, picturæ nempe ipſum cum hiſce repræſentantes, quæ ex tempore, quo res accidit, exordium duxerunt, nec deſiderantur cæremoniæ ab eadem origine repetendæ, quarum aliquas in præſenti. nonnullas in ſequenti capite attingemus. Et ad præſens quod attinet, in primis ex quo Alvernæ mons in Etruria anno 1213. S. Franciſco dono datus fuit a Comite Orlando, ſive Rolando, Cataneo, Vallis Caſentinæ, adjacentis regionis, & Cluſii novi Domino, in maximo ſemper honore habitus eſt a fidelibus, præcipue vero poſt impreſſionem ſacrorum Stigmatum in eo factam anno 1224. circa feſtum Exaltationis S. Crucis, ſive, ut placet multis, ipſo Exaltationis die. Ipſemet enim Comes primam ibi S. Franciſci hortatu, ac juxta formam ab eodem Seraphico Viro præſcriptam, ædificare fecit Eccleſiam S. Mariæ de Angelis ſacram, quæ adhuc exiſtit, diciturque Eccleſia antiquior, licet deinceps aliquantulum aucta, & ornata, ut referunt Auctor antiqui Dialogi, & ſcriptor novi, Waddingus, & alii.,, Cum enim ,, inquit

An-

Annalista ad ann. 12 3. num. xxxi. ,, fratrum
,, habitatio, crescente populi ad hunc locum
,, devotione, adventantes fideles capere mi-
,, nime posset, post viginti sex a morte Sera-
,, phici Patris annos, prout ex Apostolico
,, quodam Innocentii IV. diplomate, dato Lug-
,, duni xvii. mensis novembris anno Domini
,, 1252. satis constat, ex diversis eleemosinis
,, extendi, ampliarique cæpit. ,, Exemplar
harum litterarum incipientium, *Quoniam ut
ait Apostolus*, in quibus Pontifex concedit
Indulgentiam porrigentibus manus adjutrices
pro constructione, sive restauratione, & am-
pliatione hujus Ecclesiæ, asservari in eodem
sacro monte affirmat auctor prædicti Dialogi
lib. 1. c. 1. testis oculatus. Hanc eamdem Ecclesiam ornavit postmodum ex ligno Dominicus
Bartoli Civis Florentinus anno 1486., hac
lege tamen id permittentes fratres, ut scribunt ambo nunc laudati auctores, ne quid
ejus formæ immutaretur, neve quid accre-
menti acciperet, quod & in causa extitit, ut
semper in eodem statu permanserit, atque in
summa ab omnibus veneratione habeatur.
Hanc quoque sacram ædem, addunt recensiti
Scriptores, sibi in sepulturam elegit præfatus
Co-

Comes Orlandus, ejus fundator, ad quem plures alii Heroes, sanctique fratres appositi sunt, & ex utraque januæ parte ejus insignia adhuc inspiciuntur, crucem desuper, ac tria lilia inferius habentia.

Alexander IV. summa in S. Franciscum devotione affectus, Ecclesiam ipsam a septem Episcopis, Aretino scilicet, Urbinate, Florentino, Assisinate, Perusino, Tifernate, atque Fesulano, quibus adfuit S. Bonaventura tunc Generalis Minister, de Christiano more benedici, & consecrari voluit, qui, iisdem auctoribus referentibus, maxima tum nobilium, tum quoque populorum multitudine stipati, vigesimo mensis augusti, summo studio, summaque diligentia Pontificis voluntati fecere satis, & post consecratam Ecclesiam, universum in gyro montem equitando benedixerunt, in cujus rei memoriam anniversaria quotannis ejusdem consecrationis dies circumvicinis populis solemnissima est. At cur hæc tanta in Alvernæ montem fidelium devotio? Non ob solum profecto S. Francisci in eo incolatum, quia alia quamplurima fuere loca, ab ipso pariter inhabitata, quæ nihilominus vix a populis respectivæ regionis hac

de

de causa & visitantur, & coluntur. Aliunde igitur universalis hæc, & singularis prorsus in Alvernæ montem devota affectio repetenda est, ac utique a persuasione firmissima, qua semper, ex quo res ibidem accidit, credidere fideles S. Franciscum Seraphicum Christi vulneribus illic insignitum fuisse, quod ostendunt, & confirmant, ut promisimus, etiam monumenta eodem tempore ibi erecta, & in præsens quoque existentia, & visibilia. Et reapse extat eo in monte, & conspicitur sacellum, Cardinalis dictum a cineribus Domini Galeotti de Ubertinis Aretini, Petræ malæ Comitis, S. R. E. Cardinalis, in eo conditis, quodque prima fuit beati Francisci cellula, a prælaudato Comite Orlando Cataneo sub maxima quadam fago ædificata, moxque expensis Catharinæ uxoris Comitis Roberti de Petra mala restaurata, in cujus fornice hæc legitur inscriptio, hujusce restaurationis tempore illic apposita. ,, Anno Domini Mccxxiv.
,, Beatus Franciscus sub hac arbore sæpe cum
,, gratiarum actione, & lætitia spiritus come-
,, dit. Et circa festum Exaltationis sanctæ
,, Crucis Seraph ei in hujus montis latere,
,, ubi nunc est cella Crucifixi, apparuit. Et
,, ex-

„ ex tunc corpori ejus Stigmata Domini Jesu
„ Christi mirabiliter impressa fuerunt . „

Aliud in eodem monte cernitur antiquissimum Oratorium in duas Cappellas distinctum, quarum una, quæ jam fuit secunda cella S. Francisci, Cappella Crucis, uti scribunt prælaudati auctores, in qua Seraphicus Pater jejunavit quadraginta diebus in honorem Angelorum, altera sacrorum Stigmatum appellatur. Primam ex terra olim, & lignis compactam a sociis ejusdem S. Viri, Leone, Angelo, & Massæo, suis deinde sumptibus anno 1264. in justum sacellum transferendum curavit Symon Guidonis filius, Comes Castri Battifollis, nunc destructi, & aliorum oppidorum in Casentino, qui eodem anno etiam aliam sacrorum Stigmatum a fundamentis erexit, ut gentilitia ejus insignia, leonem habentia linea rubra divisum, plurimis in ejusdem Cappellæ locis affixa, evidenter ostendunt. Hic Symon, inquit auctor Dialogi lib. 1. cap. 7. S. Patri Francisco fuit contemporaneus, & ideo de mysterio Stigmatum optime instructus, ac exhortationibus quoque prædictorum sociorum Oratorium præfatum ædificare fecit in loco, ubi eorumdem præcise contigerat impres-

preffio. In Cappella Crucis hæc marmori in-
fculpta leguntur verba, tum ab auctore mox
laudato, cum a Waddingo ad ann. 1213. num.
XXXVII. exfcripta: ,, Anno Domini MCCLXIV.
,, feria quinta poft feftum Affumptionis glo-
,, riofæ Virginis Mariæ, Comes Symon, fi-
,, lius illuftris viri Guidonis, Dei gratia in
,, Tufcia Palatinus, fecit fundari iftud Ora-
,, torium ad honorem beati Francifci, ut ipfe
,, (cui in loco ifto Seraph apparuit fub anno
,, Domini MCCXXIV. infra octavas Nativitatis
,, ejufdem Virginis, & corpori ejus impreffit
,, Stigmata Jefu Chrifti) confignet eum gra-
,, tia Spiritus Sancti. ,, In fornice vero ejufdem Sacelli, eodem ibidem referente Anna-
lifta cum aliis, hæc pariter, antiquiffimis expreffa characteribus, leguntur carmina:

His quondam Divi Francifci hæc cella
  fecunda
Extitit in fcopulis, nunc vero dicta Ducis:
Hic quater arcta decem ille dies jejunia
  folvit,
Ordinis Angelici ductus honore facri.

Insuper in medio Cappellæ sacrorum Stigmatum crates ænea cernitur, quæ, alia ferrea antiquissima & simplici sublata, a Domina Isabella, filia Antonii Francisci Scali, & Angeli Bardi uxore, anno 1529. posita fuit, & locum indicat præcisum, ut innuunt scriptores tum antiqui, cum novi Dialogi sacri montis Alvernæ lib. 1. c. 8. in quo S. Franciscus vulnera Christi recepit. Ad latus hujusce cratis videtur lapis marmoreus, in quo incisa exhibetur antiphona, *Cælorum candor splenduit*, jam supra capite quinto exarata, quæ canitur quotidie a fratribus in processione illuc adventantibus, cum additione particulæ *Hic*, unde ajunt: *Cui Seraph hic apparuit*, quam particulam addunt etiam in versiculo, quem immediate recitant, dicentes: *Signasti Domine hic servum tuum Franciscum, Signis Redemptionis nostræ*. In tabulis denique supra chorum locatis hæc alia cernitur antiphona, quæ a cunctis Minoritis, demptis Conventualibus, canitur *ad Magnificat* in secundis Vesperis sacrorum Stigmatum, sicuti mox allata recitatur in primis, cum additione pariter particulæ *Hic*, aliorumque verborum circa finem, & est hujusmodi: „ Crucis hic appa-
„ ret

„ ret hostia, tensis in Cruce brachiis, sex
„ alis tecta variis cum vultus elegantia, quæ
„ Francisci cor attrahit, augens ei charisma-
„ ta, suaque sacra Stigmata in ejus carnem
„ potrahit. Salubris Christi passio nostris in-
„ sit memoriis, impressaque præcordiis lacry-
„ mas det cum gaudio. Amen. „

Prætereundum ulterius non est, quod item narratur in Dialogo antiquo cap. 22., & in novo lib. 1. cap. 6. prælaudatum scilicet Comitem Symonem construere fecisse etiam ædiculas quinque prope Sacellum sacrorum Stigmatum, quarum nunc quoque apparent rudera, pro quinque sacerdotibus Minoritis, qui sub stricta clausura separati ab aliis fratribus manentes, die noctuque in eodem Sacello divinum officium, & alias Ecclesiasticas functiones devote persolverent. Mittebantur hi a Ministro Generali pro tempore, uti diximus capite superiori de B. Joanne Alvernicota, erantque sanctiores ex toto Ordine delecti, & sub immediata ipsius Ministri Generalis jurisdictione in prædictis cellulis habitabant, & habitare consueverunt usque ad annum 1431., quando, extincta Symonis linea, Comitum videlicet Battifollis, qui victum & vestitum ex inſtitutione ejuſdem Symonis illis quinque fratribus ſuppeditabant, ad commune cænobium iſti tranſierunt. Eodem vero anno 1431. quo fratres hi e cellulis ad Conventum remearunt, ne Stigmatum locus ſpeciali fraudatus remaneret honore, prudenter ſancitum fuit, ut ſingulis diebus ab uno ſacerdote Miſſa ibidem celebraretur, atque ab univerſis fratribus Alvernicolis quotidie ad eumdem fieret proceſſio, quæ, ut ſuperius innuimus, uſque ad hæc noſtra tempora religioſe peragitur.

Extat in eodem monte & Ecclesia major, quæ ob auctum fratrum, & confluentium populorum numerum inchoata fuit anno 1348. expenſis Domini Tarlati Petræ-malæ Comitis, ejuſque uxoris Joannæ Sanctæ-floræ Comitiſſæ, uti conſtat ex verbis hiſce, quæ in proſpectu ipſius Eccleſiæ leguntur: „ Anno Domini MCCCXLVIII. nobilis mi-„ les Dominus Tarlatus de Petra-mala, & „ Domina Comitiſſa Joanna de Sancta-flora, „ uxor ejus, ædificari fecerunt iſtam Eccle-„ ſiam ad honorem beatæ Mariæ ſemper Vir-„ ginis. „ Hoc ipſum teſtantur etiam utrinſque inſignia, quæ tum intra, cum extra Eccleſiam ipſam in parietibus lateralibus conſpifpiciuntur. Sed quoniam hoc ædificium expletum non fuit, nifi anno 1457. cura, & induftria fratrum, ære præfertim Confulum artis lanariæ civitatis Florentiæ, idcirco iftorum quoque ftemmata in fummitate ejufdem interiori apparent. Ita refert cum aliis auctor novi Dialogi, teftis oculatus, lib. 1. cap. 19.; qui & alias plures ædiculas in eodem monte exiftentes, & fub variis denominationibus, devotionis caufa ibidem ab antiquo tempore edificatas, recenfet, ac defcribit. Capite vero 20. ejufdem libri narrat, in Sacrario majoris Ecclefiæ affervari inter Reliquias panniculos quofdam fanguine madefactos, qui paulo poft impreffionem facrorum Stigmatum, e vulneribus in S. Francifci imagine pennicillo expreffis miraculofe effluxit. Hos, ex eodem auctore, illuc attulit, & fratribus confignavit illemet vir Teutonicus, qui ob fuam incredulitatem figna illa a prædicta imagine delere tentaverat, nec ab opere deftiterat, donec miraculo territus, & melior factus, e regione longinqua ad Alvernæ montem fe contulit, & factum coram omnibus tum voce, cum ipfis panniculis ad abftergendum fanguinem adhibitis, teftatus eft.

His accedunt vetustissimæ S. Francisci imagines, quæ ibi, ac in toto terrarum orbe, ut diximus, Seraphicum Patrem exhibent quinque vulneribus decoratum. Harum namque plurimæ, vix eo ad cælum rapto efformatæ, Stigmatum ejus veritatem mirifice corroborant, cum in hisce præcipue vox, & suasio populorum omnis nationis conveniat, qui etiam Ecclesias variis in locis, diversisque temporibus erexerunt, a Stigmatibus denominatas, nunc plurimum numero auctas, post institutam Romæ Stigmatum eorumdem Sodalitatem, inter Catholicos propagatam, quorum consensum, & pietatem pluris merito facimus, quam hæreticorum, & intemperantium Criticorum nugas, & irrisiones. Istiusmodi imaginum extra Alvernæ montem existentium unam ex pene innumeris antiquissimam libet hic indigitare, quæ Bononiæ in Ecclesia S. Dominici in arca, sive urna marmorea ejusdem Sancti, a Nicolao Pisani sculpta videtur. Hoc opus, quod in monumentis fratrum Prædicatorum ejusdem urbis dicitur absolutum anno 1229. & apud Georgium Vasari pag. 17. editionis Romanæ anni 1759. alterius vero Taurinensis anni 1668. pag. 71. in-

inchoatum legitur anno 1225., S. Francisco adhuc vivente, perfectumque anno 1231., Seraphicum Patrem exprimit Stigmatibus notatum. Quare semper concludimus, quod si hujus impressionis publica extent in monte Alvernæ, & alibi monumenta, & cæremoniæ, quæ tum inde, cum illa accidit, exordium duxerunt, inter quas & ipsum festum computamus, post annos tantummodo septuaginta sex, ut alibi dictum est, a morte S. Francisci institutum, & in Ecclesia universali celebratum, juxta Leshii regulam a Criticis receptam, de eadem impressione dubitari non potest.

CAPUT VIII.

Impressio Stigmatum in corpore S. Francisci vera probatur singulari devotione, qua Romani Pontifices, & Viri Principes Alvernæ montem prosequuti sunt.

PRæter Gregorium IX. Alexandrum IV. & alios Romanos Pontifices in superioribus capitibus laudatos, qui de veritate Stigmatum clarissimum perhibuerunt testimonium;

nium, eorum adhuc plurimi fuere, qui veritatem eamdem ratam, & inconcuffam habentes, hanc faffi funt tum in propriis diplomatibus, tum peculiari devotione, qua fummopere affecti Alvernæ montem variis privilegiis, & gratiis exornarunt. Siquidem, ut eorum aliquos recenfeamus, Innocentius IV. in fuis litteris, *Licet cunctas*, fcriptis anno 1250. locum Alvernæ fub fpeciali recepit Sedis Apoftolicæ protectione, fub qua anno 1255. eum fufcepit etiam Alexander IV. per fuum diploma, *Si novæ militiæ*, in quo locum ipfum commendat, & præcipit, ne umquam deferatur, fed jugiter a fratribus Ordinis Minorum inhabitetur, ficut mandavit etiam in alio, *Olim dum*, citato a Gonzaga part. 2. Conv. 17. Provinciæ Tufciæ, & ab aliis. Idem Innocentius IV. præter Indulgentiam conceffam miniftrantibus fubfidia pro Ecclefiæ confummatione in monte Alvernæ, per aliud Breve, *Licet is*, alteram elargitus eft quadraginta dierum tam vifitantibus ipfam Ecclefiam, quam facientibus eleemofynam fratribus ibidem commorantibus. Nicolaus IV. vigore fuarum litterarum, fimiliter incipientium, accedentibus devotionis

cau-

causa ad eamdem Ecclesiam in solemnitatibus Sanctorum Francisci, & Antonii Patavini, & S. Crucis, ac per octo subsequentes dies, concessit pariter Indulgentiam unius anni, & quadraginta dierum. Bonifacius IX. *Splendor paternæ gloriæ*, idem facientibus in festo Stigmatum impertitus est eamdem Indulgentiam, quam lucrantur visitantes Ecclesiam Portiunculæ apud Assisium die secunda Augusti. Rationem vero afferens hujus concessionis, inquit: ,, Cum itaque, sicut accepi-
,, mus, ad Ecclesiam domus fratrum Ordinis
,, Minorum, sitam in monte Alverniæ Are-
,, tinæ diœcesis, in quo Dominus noster Jesus
,, Christus beatum Franciscum suis sacratissi-
,, mis Stigmatibus insignivit, tam Tusciæ,
,, quam etiam multarum aliarum partium de-
,, votionis causa maxima confluat populi
,, multitudo. Nos cupientes &c. ,, Has litteras Bonifacii IX. confirmarunt Sixtus IV. *Ex injuncto nobis*, &, *Dudum siquidem*, ac Innocentius VIII. *Pastoris æterni*, qui ambo in respectivis litteris concedunt Ecclesiæ Alvernæ etiam Pænitentiarios, eligendos a Ministro Provinciali Etruriæ, vel, ipso absente, a Guardiano ejusdem Conventus. Istis vero

Pæ-

Pænitentiariis sic electis, pro festo Stigmatum, pro diebus præcedentibus, & pro die immediate sequenti impertiuntur „ facultatem ab-
„ solvendi in casibus, in quibus minores Pæ-
„ nitentiarii in Ecclesia Principis Apostolo-
„ rum de Urbe soliti sunt absolvere. „

Eugenius IV. in sua Constitutione, *Quamvis de cunctis*, vi cujus instituit protectores, & defensores montis Alvernæ Consules, & Universitatem artis lanariæ civitatis Florentiæ, ita se exprimit: „ Inter ceteras
„ religiosas Domos, in quibus fratrum Mi-
„ norum Ordinis viget observantia regularis,
„ domum S. Francisci, de Alverna vulgari-
„ ter nuncupatam, Aretinæ diœcesis, in qua
„ venerabilis Confessor beatus Franciscus ad-
„ mirandæ ejus vitæ sanctimoniæ fundamenta
„ jecit, quibus Catholicæ fidei veluti soli-
„ dissimis columnis usque in hodiernum diem
„ fulciri noscuntur, considerationis nostræ
„ intuitum dirigimus, ut quemadmodum
„ speciali prærogativa a beato Francisco illic
„ peractæ pænitentiæ, Stigmatibusque Salvatoris nostri miraculose in suo corpore receptis illustratur, ita eo amplius, concedente Domino, augeatur, & conservetur
„ in-

,, incrementis &c. ,, Nicolaus V. *Inter ceteros*, Indulgentiam tribuit quatuordecim annorum, ac totidem quadragenarum facientibus eleemofynam pro confervatione Ecclefiæ, & Conventus Alvernæ. Gregorius XIII. *Salvatoris*, concedit ,, ut quoties quicumque facer-
,, dos five fæcularis, five regularis Miffam in
,, altari majori Ecclefiæ parvæ monafterii Or-
,, dinis fratrum Minorum de Obfervantia,
,, montis Alvernæ, Aretinæ diecefis, pro libera-
,, tione unius animæ in Purgatorio exiftentis
,, celebraverit, ipfa anima per hujufmodi ce-
,, lebrationem eafdem Indulgentias, & pec-
,, catorum remiffiones confequatur, & ad
,, ipfius liberationem, pro qua celebrabitur
,, dicta Miffa, operetur, quas confequeretur,
,, & operaretur, fi prædictus facerdos hac de
,, caufa Miffam ad altare fitum in Ecclefia S.
,, Gregorii de Urbe, ad id deputatum, cele-
,, braret. ,, Per aliud autem Breve, *Sacra montis Alvernæ*, tribuit peculiares Indulgentias vifitantibus Ecclefiam majorem, & alias ædiculas, five Oratoria fub diverfis nomenclaturis in eodem monte exiftentia, pro quolibet loco peculiarem Indulgentiam. Paulus V. *Ad augendam*, concedit Indulgentiam plena-

nariam visitantibus eamdem Ecclesiam majorem in secundo festo Pentecostes, & Clemens XI. *Exponi nobis*, confirmat litteras Bonifacii IX. quoad Indulgentiam Portiunculæ, ac illas Sixti IV. & Innocentii VIII. quoad Pænitentiarios, & extendit idem privilegium pro tribus diebus Pentecostes „ juxta præfatarum „ Sixti, & Innocentii litterarum formam. „

Idem Pontifex, *Ad augenda* „ Christi „ fidelibus ad sacra montis Alvernæ loca, in „ honorem S. Francisci, qui signis Redem-„ ptionis nostræ mira Dei gratia, ut pie cre-„ ditur, signatus fuit „ devote accedentibus ad Ecclesiam sacrorum Stigmatum largitur in perpetuum Indulgentiam plenariam, etiam pro defunctis per modum suffragii applicabilem. Tandem Benedictus XIV., ut apparet ex litteris Cardinalis Petra, tunc Majoris Pænitentiarii, incipientibus, *Ex parte dilecti*, & asservatis in eodem monte una cum exemplaribus omnium aliarum nunc laudatarum, confirmat quoad Pænitentiarios diplomata Sixti IV. Innocentii VIII. & Clementis XI. ac impertitur ulterius Guardiano Conventus Alvernæ auctoritatem deputandi pro quolibet anni die alios duos Pænitentiarios ex Confessariis

riis approbatis ab Epifcopo. Poft tot Romanos Pontifices, qui Stigmatum impreffionem in corpore S. Francifci veram, & realem habentes, Alvernæ montem etiam facrum, & fanctum dixerunt, hic numerandi forent Epifcopi, & Cardinales, qui non minori erga Stigmata S. Francifci devotione affecti, montem ipfum etiam pretiofis muneribus, quæ ibidem adhuc oftenduntur, diverfis temporibus decorarunt. At ne infiniti fimus, neve lectoris patientia abutamur, unum ex quamplurimis afferemus Neapoleonem Urfinum, S. Adriani Diaconum Cardinalem, & S. R. E. Legatum, qui cum Alvernæ jugum afcendiffet, & fanctitatis veftigia inibi exiftentia contemplatus effet, in fuis litteris datis Imolæ VI. Idus Julii Pontificatus Clementis V. anno 1. introeuntibus Ecclefiam S. Mariæ dicti montis concedit Indulgentiam centum & quadraginta dierum, totidemque tum vifitantibus Ecclefiam Stigmatum, tum audientibus concionem in monte ipfo; centum deferentibus victualia fratribus incolis; quadraginta iftis concionantibus in illis viciniis, ac totidem fubvenientibus eofdem fratres in neceffitatibus. Harum litterarum mentionem faciunt auctor Dialogi

fasacri Montis lib. 2. cap. 7. & Waddingus ad ann. 1260. num. LVII. ac in eis loquens Cardinalis de Viro Seraphico, inquit: „ Hic velut „ Angelus ascendens ab ortu solis, in sacro „ loco montis Alvernæ, per operationem „ Christi in specie Seraphim meruit sacris „ ejusdem passionis signaculis insigniri. „ Eadem ferme habet etiam Jordanus, item Cardinalis Ursinus, Episcopus Sabinensis, & Ordinis Minorum Protector, scribens de Alvernæ monte in quadam sua epistola: „ San„ ctissimus Dominus noster Dominus Eugeni„ us divina providentia Papa IV. ex fide di„ gnorum intimationibus, & relatibus acce„ pit notitiam, quod in loco montis Alver„ næ, in quo S. Franciscus, Pater, & Dux „ vester, Crucifixi Stigmata ex apparitione „ Seraphica dono divinitatis obtinuit &c. „

Sed cur quæso hæc tam propensa in Alvernæ montem Romanorum Pontificum, & Prælatorum quamplurium pia liberalitas, & munificentia, nisi quia firmiter credebant, ibi S. Franciscum Christi vulneribus insignitum fuisse? Ita sane, ut in eorumdem scriptis lucet apertissime; unde Alexander IV. centies adductus, *Romani est summi Pontificis,* concedit etiam fratribus Alvernæ, ut in quolibet Italiæ loco pro suis, Conventus, aut Ecclesiæ necessitatibus quæstum exercere, & res mendicatas, aut quocumque titulo acquisitas, libere, & absque ulla vectigalium solutione ad Conventum deferre possint. Siquidem scriptores plurimi & hanc assignant tot privilegiorum, & concessionum rationem, fidelium scilicet populorum ex variis mundi partibus concursum, & affluentiam ad montem Alvernæ, ex quo nos inferimus, Stigmatum S. Francisci veritatem omnium Catholicorum consensum fateri, & confirmare. Nec soli visitarunt hunc montem, ac religiosos erga ipsum sese ostenderunt rudes, & illitterati homines, in quibus errores, & præjudicia sistunt facilius, & radices figunt, sed personæ etiam magni nominis, scientia, conditione, & dignitatibus conspicui. Omissis brevitatis gratia Episcopis quamplurimis, necnon pene innumeris sæcularibus Dominis, eos tantum indicabimus, qui licet in apice terrenarum dignitatum constituti, pietate ducti in beatum Franciscum, ejusque Stigmata, etiam e dissitis regionibus advenientes, sacrum Alvernæ montem conscendere, ædiculasque in eo sitas visitare non dubitarunt. Plures in primis jure hic laudandi forent Serenissimi Etruriæ Duces, qui nedum cum uxoribus, & filiis quam sæpissime hunc montem in eorum ditione positum personaliter illustrarunt, sed donis quoquè munificentissimis, tum ad loci splendorem, & conservationem, cum ad fratrum sustentationem collatis, nobilitarunt. Hanc eorum liberalitatem facile indicant insignia gentilitia, tum ædificiis, tum sacris vestibus, tum jocalibus divino cultui destinatis, tum & libris impressa, & adhuc visibilia. Verum quia nimis longum esset horum, aliorúmque nomina, & beneficia singillatim vel tantum enumerando recensere, idcirco de quibusdam aliis mentionem faciemus, plurimis omissis, de quibus Waddingus ad ann. 1213. num. LII. compendiose scribit: ,, Hunc montem quamplurimi Heroes, ,, atque Heroinæ, Duces, Principes, Regi,, næ, atque Imperatores sua præsentia ho,, nestarunt. ,,

Robertus Siciliæ, & Jerusalem Rex, S. Francisco, ejusque Ordini addictissimus, cum uxore sua Regina Sancia, & filio primogenito Carolo Calabriæ Duce, Alvernæ montem devo-

devotissime visitavit, uti referunt auctores tum antiqui, tum novi Dialogi ejusdem sacri montis lib. 2. cap. 8., ubi idem narrant etiam de Joanna Sabaudiæ, Græcorum Imperatori nupta, quæ Constantinopoli Romam, hinc pro suo pio in Seraphicum Patriarcham affectu Assisium, moxque ad Alvernæ montem se contulit. Ex iisdem auctoribus habetur, Joannam quoque Franciæ Reginam eumdem montem præsentia sua illustrasse, atque in Galliam subinde reversam, fratribus commorantibus in quinque cellulis, de quibus capite superiori loquuti sumus, victum, & vestitum, quoad vixit, propriis sumptibus abunde ministrare fecisse hac conditione, ut pro ea quotidie in Cappella sacrorum Stigmatum Deum exorarent. Denique Henricus VII. aliis VI. Romanorum Imperator, & ipse anno 1312. Alvernæ montem pietate vere Christiana honestavit, ac universis hujusce locis perlustratis, in quibus factum aliquod recolitur memoria dignum, fratres incolas, eorumque Guardianum, qui erat eotunc beatus Joannes Firmanus, ratione incolatus ab Alverna dictus, ut alibi innuimus, sub Imperiali sua protectione benigne suscepit, datis de hac re specialibus litteris, quæ exhibentur ab auctore novi Dialogi lib. 2. cap. 7. & in fine operis, ac a nobis in Supplemento ad Bullarium Franciscanum, quarum tenor est hujusmodi.

„ Henricus Dei gratia Romanorum Im-
„ perator, semper Augustus, nobilibus vi-
„ ris, & universis Vicariis civitatis, & di-
„ strictus Aretii, ac Comitibus de Casenti-
„ no, de Ubertinis, de Valenzano, Talla,
„ Bagnena, & de Clusio, ceterisque sacri
„ Romani Imperii fidelibus præsenteis literas
„ inspecturis, gratiam suam, & omne bo-
„ num.

„ Cum nos religiosos viros, Joannem
„ Guardianum, & fratres Minorum Ordinis
„ domus sacri loci montis Alvernæ, devotos
„ nostros dilectos, in protectionem nostram,
„ & Imperii specialem duxerimus assumen-
„ dos, fidelitati vestræ firmiter præcipiendo
„ mandamus, quatenus (eosdem Guardia-
„ num, & fratres loci prædicti nobis com-
„ missos habentes) ipsos in personis, & re-
„ bus suis auctoritate nostra efficaciter defen-
„ datis, non permittentes ipsis a quoquam
„ molestiam, aut injuriam aliquam irrogari,
„ sic

„ sic ut indignationem nostram, & pœnam
„ arbitrio nostro inferendam volueritis evita-
„ re, præsentium testimonio litterarum.

„ Datum in Castris ante Castrum Mon-
„ tis Varchii xvii. Kal. Octobris, anno Do-
„ mini 1312. Regni nostri anno quarto, Im-
„ perii vero primo. „

Ex his omnibus magis magisque liquet,&
firmatur, Stigmatum impressionem in corpore
S. Francisci Seraphici veram esse, & indubitatam, utpote a fidelibus omnis conditionis, dignitatis, et gradus agnitam, & ore, scripto, atque factis quoque assertam. Universorum namque Catholicorum consensus, tot illustrium suffultus testimoniorum præsidio, ac ipsius Ecclesiæ approbatione, et auctoritate firmatus, merito nos impellit ad impressionem ipsam veram, et realem habendam, quidquid maligno astu, et absque ulla prorsus ratione Novatores, et nostri sæculi intemperantes Critici contra eamdem effutiant, & moliantur.

CAPUT IX.

Impreſſio Stigmatum in corpore S. Franciſci feſto de eadem ab Eccleſia inſtituto roboratur.

Tanta fuit quorumdam Romanorum Pontificum in S. Franciſci Stigmata devotio, ex ea procedens animi perſuaſione, qua invictiſſimis ducti rationibus ea firmiter credebant, ut eorum aliqui nedum hortati ſint fideles omnes ad eadem pie quidem, ſed indubitanter credenda, ſed etiam exprobraverint quorumdam incredulitatem, ac pænis quoque ſpiritualibus hos impulerint ad eorumdem veritatem amplectendam. Ita feciſſe Gregorium IX. & Alexandrum IV., ipſoſque, & alios etiam Indulgentias conceſſiſſe ſtatutis diebus lucrandas a frequentantibus devotionis cauſa Alvernæ montem, ex reſpectivis eorum litteris ſatis ſuperque intelleximus. Verum ut quidquam adhuc addamus, Gregorius IX. per ſuum Breve, *Seraphim volabant*, Indulgentiam concedit viſitantibus Alvernam die Septembris decima ſeptima, in qua Stigmatum

im-

impressionis agitur memoria; Alexander vero IV. per suas litteras, *Cum ad promerenda,* eas concedit illuc accedentibus in festivitatibus Sanctorum Francisci, Antonii Patavini, & Claræ Virginis, ac per alias, *Sanctorum meritis,* universis eumdem locum frequentantibus in omnibus solemnitatibus beatissimæ Virginis Mariæ. Horum pietatem, & affectum, qui utpote oculati testes, ut ostensum est, fontes aliorum fuerunt, successores plurimi æmulati sunt, in præcedenti capite recensiti, qui favoribus Alvernæ montem cumularunt. Nunc, ut de festo aliquid attingamus, de iis agemus Romanis Pontificibus, qui Stigmatum festum vel instituere, vel celebrius reddere studuerunt.

Philippus Mornæus Lutheranus festum hocce ab Alexandro V., quia Minorita, præceptum fuisse scribit, ut sui Ordinis fratribus gratum quid præstaret. Hæretici hujus ignorantiam, sive potius malitiam, confutat, ut in præfatione observavimus, Leonardus Coquæus Augustinianus to. 2. in *Antidoto contra progressum sexagesimum primum*, ubi ex pagina 508. Historiæ Papatus ab ipso Mornæo conscriptæ, hæc genuina refert istius verba:

„ Ale-

,, Alexander V., quia Minorita, ut Ordini
,, Minorum gratificaretur, legem ftatuit, ut
,, Stigmata Francifci omnes Chriftiani crede-
,, re teneantur, in quorum etiam veneratio-
,, nem feftum inftituit.,, Duo hic apertiffime
falfa eructat Mornæus hæreticus, voluiffe
nempe Alexandrum V., ut omnes Chriftiani
crederent impreffionem Stigmatum S. Francifci, horumque feftivitatem ipfum inftituiffe, quæ, dicebam, ambo funt falfa, & iniquo animo ad invidiam excogitata. Falfum eft primum, quia a nullo Summo Ecclefiæ Paftore id unquam fancitum legitur, fi vel Alexandrum V., ut placet Mornæo, vel alium quemcumque intelligat hæreticus, ficut intelligere videtur ut Ecclefiæ Romanæ imponat, hujusmodi, aut fimili Conftitutione arctare voluiffe fideles ad Stigmata S. Francifci ea fide credenda, qua Chriftianæ religionis dogmata credere tenentur. Numquam enim Romanorum Pontificum ullus id fomniavit, nec ipfe certe Gregorius IX. aut Alexander IV., quia licet in refpectivis litteris alibi citatis ambo redarguant eorum infolentiam, qui Stigmatum eorumdem veritatem negabant, atque ad hanc admittendam etiam anathemate,

te, & aliis pænis eos perftringant, non tamen veluti dogma fide divina credendum, fed tantum ut piam fententiam, rationibus vallatam firmiffimis, ideoque fola humana fide religiofe colendam, impreffionem ipfam fidelibus proponunt, quin vel Mornæus, vel hæreticorum alius contrarium aut oftendere, aut evincere poffint.

Falfum eft fecundum, quia feftum Stigmatum, fcriptoribus, qui de ipfo loquuntur, fatentibus univerfis, non Alexander V. Minorita, fed Benedictus XI. Dominicanus, centum annis Alexandro antiquior, poft annos videlicet tantummodo feptuaginta feptem a S. Francifci morte evolutos, ut iterum diximus, inftituit, & mandavit. Neque id Mornæus cum fuis in crimen tanto Pontifici vertere debet, quoniam a P. Honorato a S. Maria tom. 2. lib. 1. differt. 1. art. 3. fcimus „Pro„teftantes millies fuiffe convictos, Ecclefiæ „poteftatem effe inftituendi nova fefta, aliaf„que id genus folemnitates„ quemadmodum & ipfi Synagogæ olim poteftas fuit. Neque imponat Lutheranus, per hujufmodi inftitutiones nova dogmata ab Ecclefia conftitui, quia cum factum aliquod infigne, folis rationibus

hu-

humanis festive colendum ipsa suis fidelibus proponit, in eadem ipsum relinquit pia credibilitate, qua prius gaudebat, & naturaliter gauderet adhuc, etiamsi festum de eo minime esset institutum, licet fideles Ecclesiæ judicio tunc innixi, tutius factum ipsum hinc teneant, & colant. Benedictus igitur XI. primus fuit solemnitatis auctor & institutor, ac post hujus Constitutionem, Minoritæ anno 1337. Caturci in Capitulo Generali congregati idem festum indixerunt solemniter in universo Ordine celebrandum, de quo & officium proprium ordinarunt, a fratre Gerardo Odonis, mox Generali Ministro, concinnatum. Waddingus propterea ad ann. 1228. num. LXXVIII. de eodem festo pertractans, hæc habet: „ Mis-
„ sæ præfationem incipientem, *Qui venerandum Confessorem*,„ instituit sanctus vir frater
„ Joannes de Alverna. Officium sacrorum
„ Stigmatum concinnavit frater Gerardus Odo-
„ nis Gallus, sub Joanne XXII. Generalis Mi-
„ nister :„ Eodem tempore hoc festum ab Ecclesia universali celebratum fuisse scribit idem Annalista ad ann. 1224. num. XV. dicens : „ A
„ multis annis præclarissimi, & singularis hujus
„ Dei muneris in Sanctum Franciscum com-
„ me-

,, memoratio fit in tabulis Ecclesiæ. Ea habetur
,, ad decimam septimam Septembris in Marty-
,, rologiis Francisci Maurolici, Petri Galesinii
,, in additionibus ad Martyrologium Usuardi,
,, utriusque impressionis Joannis Molani, &
,, in Romano vetusto apud me MS. In Romano
,, item impresso anno 1509. & tandem ut in
,, novo per Cæsarem Baronium recudendo,
,, eadem die reponeretur hoc festum manda-
,, vit Sixtus V., scriptis sua manu sequentibus
,, verbis, quibus illud voluit recenseri: ,, *Commemoratio impressionis sacrorum Stigmatum, quibus S. Franciscus, Ordinis Minorum Institutor, in ejus manibus, pedibus, & latere, mira Dei gratia in monte Alvernæ in Hetruria impressus fuit.*

Coquæus pariter loco laudato respondens Mornæo, inquit: ,, Multorum testimo-
,, niis, & fidissimis relationibus comprobata
,, fuere S. Francisco impressa Stigmata, de qui-
,, bus S. Bonaventura in historia vitæ S. Fran-
,, cisci cap. 13., de quibus & in Martyrolo-
,, gio Romano decima septima Septembris:
,, *Commemoratio*,, ut supra, post quæ immediate prosequitur Coquæus: ,, In quem Marty-
,, rologii locum Baronius: ,, *Porro rem adeo*

ad-

admirabilem, ac tantopere testatam, Benedi-
ctus Papa XI. anniversaria solemnitate duplici
officio Ecclesiastico voluit celebrari, quam,
nescio quomodo lapsam, in Martyrologio Ro-
mano hac die recenseri, hocque loco poni San-
ctissimus D. N. Sixtus Papa V., tanti Patris
alumnus, mandavit. Lapſam, ut ait Baronius,
Stigmatum S. Franciſci ſolemitatem, ſive potius ,, dum multis in locis,, ut ſcribit Waddingus ,, negligeretur, Paulus V., ut corda fi-
,, delium in Chriſti crucifixi accenderentur
,, amorem, intercedente Philippo III. Hiſ-
,, paniarum Rege Catholico, negotiumque
,, promoventibus Illuſtriſſimo Domino Ga-
,, briele de Trejo S. R. E. Cardinali, & Re-
,, verendiſſimo P. Antonio a Trejo, Ordinis
,, ſupremo Rectore, modo Epiſcopo Cartha-
,, ginenſi, ejuſdem Cardinalis fratre germa-
,, no, adſcribentibus ceteris ſacrorum Rituum
,, præfectis Cardinalibus, reſtituit. ,, Cuncta
hæc Benedictus XIV. in egregio ſuo opere de
Servor. Dei Beatif. & Beatorum Canoniz.
lib. 4. part. 2. cap. 9. num. 11. verbis hiſce
complectitur: ,, Itaque quamvis in lectionibus
,, officii, quod recitatur die feſto S. Franci-
,, ſci in Eccleſia univerſali, mentio habere-
,, tur

„ tur sacrorum Stigmatum, Benedictus XI.,
„ ut cælestis hujus charitatis memoria pecu-
„ liariter coleretur, festum sacrorum Stigma-
„ tum S. Francisci instituit, veluti referunt
„ Cardinalis Baronius in Notis ad Martyrolo-
„ gium Romanum ad diem 17. Septembris, &
„ Pági in Brviario Romanorum Pontificum
„ tom. 3. p. 337. Sixtus Papa V. elogium compo-
„ suit, quod habetur in Martyrologio Romano
„ ad prædictam diem 17. Septembris, teste Ti-
„ burtio Navarro in vita S. Francisci cit. lib.
„ cap. 5., & particulare tandem officium ea-
„ dem die recitandum prius indultum est Re-
„ ligiosis S. Francisci, extensum deinde ad
„ alios locos, & Diæceses, postremo sub
„ Paulo V. ad Ecclesiam universalem propa-
„ gatum. „ Ipsemet Benedictus XIV. in nova
editione Martyrologii Romani fideliter edi
voluit elogium a Sixto V. compositum.

Officium hoc particulare, quod a Franciscanis in festo Stigmatum recitatur, est illud
idem, quod, ut supra dictum est, a fratre
Gerardo Odonis compactum fuit, & in quo
ad Matutinum dicitur Invitatorium „ Regi,
„ quæ fecit, opera Christo confiteantur, cujus
„ in Sancto vulnera Francisco renovantur „
quod

quod repetitur etiam in ejus festo die 4. Octobris. In primo nocturno ponuntur lectiones ex cap. 5. & 6. ad Galatas, in qua habetur, & legitur etiam in Missa: ,, Ego enim Stigma-,, ta Domini Jesu in corpore meo porto; ,, & in secundo leguntur lectiones ex Legenda S. Bonaventuræ desumptæ, ut alibi quoque adnotavimus, in quibus historia Stigmatum egregie describitur. In utrisque Vesperis, & Laudibus dicitur versiculus cum responsorio ,, Signasti, Domine, servum tuum Franci-,, scum, signis redemptionis nostræ; ,, & in hymno canitur in primis Vesperis:

Vertex montis inflammatur,
Vicinis cernentibus,
Cor Francisci transformatur
Amoris ardoribus,
Corpus vero mox ornatur
Mirandis Stigmatibus.

In illo vero Matutini habetur ,, Crucis hæ-,, rens vestigiis, Crucis fructum consequitur, ,, Quo corde, carne pungitur, & signatur ,, indiciis.,, Ab Ecclesia universali in eodem festo dicuntur versiculus, Lectiones, & Epistoſtola ut ſupra, & in hymno, *Iſte Confeſſor*, Veſperarum, & Matutini cantatur: „ Hac „ die lætus meruit beata vulnera Chriſti; „ ſicut in alio ad Laudes dicitur: „ Anni rever- „ ſo tempore, Dies refulſit lumine, Quo „ Sanctus hic de corpore, Chriſti recepit „ Stigmata „ & hæc omnia Romanorum Pontificum approbatione, & permiſſu tum a Franciſcanis, cum ab univerſo Clero recitantur una cum oratione omnibus communi, in qua impreſſio ſacrorum Stigmatum non minus abſolute, & clare exprimitur.

Alii Summi Pontifices, Pauli V. tum prædeceſſores, cum ſucceſſores, idem feſtum extulerunt, & gratiis exornarunt. Clemens XII. per ſuas litteras, *Cæleſtium munerum*, datas die 31. Auguſti anni 1731. concedit Indulgentiam plenariam univerſis Chriſtifidelibus, viſitantibus in feſto Stigmatum quamcumque Eccleſiam Ordinis Minorum, in quibus idem feſtum ſub ritu duplicis ſecundæ claſſis celebratur, quemadmodum a ſemiduplici ad duplicem ritum ultimo ipſum extulit in Eccleſia univerſali Clemens XIV. Pia hæc tot Romanorum Pontificium ſollicitudo, quæ eos impulit quoque ad probandam, & privilelegiis cumulandam fidelium Sodalitatem ab iisdem Stigmatibus denominatam, quæ primum, ut etiam alibi diximus, Romæ erecta, & nunc celeberrima, jam longe lateque propagata est, si non hæreticos, quos hic non alloquimur, Catholicos certe movere debet ad Stigmatum impressionem in corpore S. Francisci, pie sane, sed firmiter credendam. In hac vero credibilitate magis magisque eos confirmare debet totius Ecclesiæ consensus, fidelium nempe omnium pietas, & religio, qui Supremo Pastori libenter, ac humiliter, ut decet filios, obsequentes, hujus impressionis veritatem admittunt, & fatentur, Missamque, & officium de ea recitant, in quibus impressio ipsa, ut modo dicebamus, solemniter commemoratur. Si hæc etherodoxos, & Ecclesiæ rebelles non excitant, istius devotos filios utique suadere debent, quos non latet, quanta maturitate, & diligentia in hisce rebus ipsa procedat, quique non ignorant, multorum testimoniis, & fidissimis relationibus, etiam juridice libratis, & sub juramento acceptis, S. Francisci Stigmata eam probasse antequam de istis festum institueret.

,, Facta historica ,, inquit P. Honoratus
tom.

tom. 1. differt. 7. art. 9. §. 3.,, five demum
,, quædam celebritates in Dei, Mariæ Virgi-
,, nis, Sanctorumque cultum inftitutæ, quæ
,, ad pietatem excitandam, & fideles Chrifti
,, optimis exemplis imbuendos maxime con-
,, ferunt, five tacita Ecclefiæ confenfione
,, probentur, five nobis propofita fint in
,, Martyrologiis, Miffalibus, Kalendariis,
,, aliifque fimilibus Ecclefiafticis monumen-
,, tis, conftans eft, prudenter agere illum,
,, qui hæc fufcipit eo animo, eaque ratione,
,, quibus ad nos tradacta funt, nimirum tam-
,, quam traditiones, & facta veri fimilli-
,, ma.,, Si namque ex eodem auctore tom.
2. differt. 3. reg. 1.,, nulla eft pia traditio re-
,, cipienda, quæ argumentis rei, de qua agi-
,, tur, aptis, non fulciatur;,, illa profecto
admittenda eft, quæ hifce folidatur invictif-
fimis, ab ipfa Ecclefia rigide expenfis, &
admiffis, quia ,, pietate Chriftiana cogimur,
,, eas potius fequi partes, a quibus Ecclefia
,, eft, quam nonnullorum Criticorum, qui
,, pias traditiones ad fabulas amandant.,,
Catholicorum plurimos, hac noftra ætate vi-
demus, qui fingularitatis, & inanis gloriolæ
amore Ecclefiæ partes relinquunt, & Criticis
K   pias

pias traditiones solo fastidio suo negantibus, imo hæreticis ipsis adhærent, ac proprias phantasias clarissimorum virorum, ejusdemque Ecclesiæ maturo judicio ita præferunt, ut istius, illorumque auctoritatem, & rationes despiciant. Hi profecto ex illis sunt, „ qui „ scribit Muratorius de Ingen. Moderat. lib. 1. cap. 2. „ sibi videntur cordati, sa„ pientesque viri, quum unius suæ mentis „ vocem, ac judicium audiunt, aliorumque „ contemnunt; & ad destruendum, quam „ ædificandum aptiores, aut nihil probant, „ aut id solum probant, quod animi sui ap„ petitibus blanditur, & quod suæ tantum „ meditationis aciei perspicuum, firmissi„ mumque apparuit. „ Superbiæ vento miserrime inflati, nova quotidie ruminant, ac temeritate pleni contra ipsius Ecclesiæ mentem eructant, illud ejusdem Muratorii ignorantes cap. 12. „ auctoritatem ingenii nostri „ cedere debere, ubi auctoritas Ecclesiæ in„ tercedit „ atque illud cap. 16. „ novitatem „ inter signa erroris habendam esse. „ Ut hanc vero suam honestent audaciam, & temeritatem, se in his attentandis zelo Ecclesiasticæ disciplinæ duci gloriantur, expro-

bran-

-brantibusque reponunt, in Martyrologio, in Breviario, & in aliis consimilibus libris fabulas multas insertas esse, & facta minime digna, quæ a viro ratione utente recipiantur.

At nesciunt hæc ajentes nostri sæculi doctores, quod ,, si occurreret in Breviario fa-
,, ctum aliquod falsitatis ingerens suspicio-
,, nem, non sunt propterea cetera omnia ad
,, fabulas ablegando, sicuti non aspernamur
,, scriptoris alicujus testimonium, qui captus
,, nonnumquam fuerit in narrando. ,, Historiam impressionis sacrorum Stigmatum in corpore S. Francisci Seraphici, quam ex Divo Bonaventura, ut notavimus, Ecclesia legendam proponit in Breviario Romano, suspicionem falsitatis haud ingerere posse, ex hactenus dictis facile quisque, evidenterque perspiciet, simulque affirmabit, si ratione tamen, & docilitate non careat. Tot enim, ac tanta sunt monumenta, juxta regulas Critices invictissima, quæ realitatem hujus impressionis aperiunt, & evincunt, ut nonnisi cæcus, aut pervicax fidem eis denegare possit. Monumenta autem isthæc si parumper animo librasset, aut saltem una semel legisset

Joan-

Joannes Baptista Thiers, vel quicumque sit auctor dissertationis gallicæ contra P. le Franc, hujus capiti 4. hoc non præmisisset argumentum: ,, Stigmata S. Francisci haberi nequeunt ,, pro veritate constanti.,, Et sane, quas rationes Thierius affert ad hanc suam propositionem probandam, aut quod examen instituit rationum, quæ pro veritate Stigmatum producuntur? Nullum omnino, ut ejus dissertationem legenti luculenter apparet, unde Criticum agens, peccat contra hanc Criticorum regulam, quam ab omnibus receptam tradit P. Honoratus tom. 2. lib. 1. dissert. 1. art. 3. & est hujusmodi: ,, Recte sapientibus, & veri-
,, tatis amatoribus propositum esse debet investigare, nonne mos hic, solemnitas ista,
,, pia ihstæc opinio satis habeat testimonii, &
,, firmitatis; an traditio de ea nobis relicta sit
,, solida, quantum interest esse; num facta
,, hæc tantum historica, quæ per manus hominum ad nos usque devenerunt, proba-
,, bilitate polleat ad rectæ critices regulas
,, exacta, ut illis assentiamur, & fovendæ
,, Christianorum pietati objici possint, quin
,, ipsis credentes nimiæ credulitatis, & su-
,, perstitionis redarguantur, itemque utrum
,, æquius

„ æquius sit illa amplecti, quam rejicere.,,
An horum vel unum egerit Thierius in S. Francisci Stigmatibus vellicandis, ac proinde an recte sapiens, & veritatis amator dici queat, pro ipso jam sepulto videat novorum opusculorum collector, ac Thierianæ dissertationis traductor, & laudator. Scioli nostri dum Stigmatibus hisce bellum indicunt, nec unum quidem servant ex iis, quæ Critici præscribunt, neglectis enim, pessumdatisque rationibus, auctoribus, & Ecclesia, gratis eadem inficiantur, vel subsannant, horumque festum, quia ita ipsis placet, vel potius, quia ipsis non placet, penitus abjiciunt, & propriæ vocis auctoritate superstitionem, illusionis fomentum, & idcirco damnabile edicunt, ut in sequenti capite observabimus.

CAPUT X.

Festum impressionis sacrorum Stigmatum in corpore S. Francisci Seraphici superstitionem non esse, ut Critici nonnulli effutiunt, declaratur, & ostenditur.

Monuimus in præfatione, Jacobum le Fevre d'Etaples, Bælio referente in suo Dictionario Historico critico, loco ibidem citato, damnare festum sacrorum Stigmatum S. Francisci tamquam superstitionem, eique essentiri Bælium ipsum, qui exultans in rebus pessimis adnotat in margine, ipsius Jacobi verba afferri a Simonio in Historia novi Testamenti cap. 34. pag. 494. & 495. Vult impius Bælius hanc superstitionem in eo esse, quod factum hocce mirabile, fidelibus propositum, injicere possit devotas animas in illusionem, ac in multis mentis alienationem, & ecstasim excitare, quæ & illorum esse videtur opinio, qui idem festum interdicunt, & ab Ecclesiæ Kalendariis adimunt, & excludunt. At nobis hæc audientibus potius lætandum, quam dolendum est, quia nos adververtunt, S. Francisci Stigmata ab illis ipsis oppugnari; a quibus Ecclesiæ dogmata aggrediuntur, quales sunt Novatores, vel a quibus ejusdem sacri ritus, & piæ opiniones reprobantur, qui sunt nostri sæculi intemperantes Critici, quique odientes lucem, illuminati dici volunt. Hi namque licet hæreticorum nota ab Ecclesia affecti non sint, quia tamen in rebus ad religionem spectantibus nimis audaces, ac temerarii, apud cordatos, piosque viros non bene audiunt, & pessime olent.

Etenim le Fevre in primis, suspectæ fidei, & inquietæ indolis homo, accusatus ut fautor hæresis Lutheranæ, laurea doctorali privatus, Parisiis expulsus fuit, ut de eo scribit auctor Dictionarii auctorum Ecclesiasticorum, qui etiam addit, quod cum esset Vicarius generalis Episcopi Meldensis, hæresis Calvinianæ suspecti, & ipse d'Etaples reus habitus est ejusdem impietatis. Richardus Simonius a clarissimo Bossueto in defensione Traditionis, & Patrum part. 1. dicitur contemptor Patrum eorumdem, & auctoritatis Ecclesiæ, utpote qui dubia reddere studeat sacratiora nostræ religionis mysteria, ac eo

ten-

tendat, ut traditionem e medio tollat, religionemque evertat univerſam, extollendo auctores hæreticos, & doctioribus hos præferendo Eccleſiæ Patribus, quorum, nunc Socinianus, nunc apparenter Catholicus, contemptum legentibus inſpirat. De Petro Bælio non eſt quod multa dicamus, cum univerſalem pyrrhoniſmum inducere, & providentiam, ipſamque divinitatem negare auſus ſit, unde omnium fere ſententia vel Manichæus, vel Epicuri de grege porcorum, & aperte atheus dicitur. Innumera namque ſunt in ejus operibus loca, in quibus atheiſmum commendat, & promovet, cælum, vitam futuram, fidem, quam de his habent Chriſtiani, ſanctum quoque, & terribile Dei nomen, ubicumque ipſum reperit, impio calamo irridere non timet. Religionem nullam neceſſariam eſſe contendit, Chriſtianam vero ad ſocietatem fovendam, & conſervandam ineptam eſſe dicit, atque harum nulli devotus, eum laudibus effert, qui Deum non agnovit. Quid mirum igitur ſi hujus furfuris homines S. Franciſci Stigmata non admittant, atque horum feſtum reprobent, & excludant? Potius mirandum eſſet, ſi in religionem, & in Deum

im-

impii, & blasphemi, in S. Franciscum, ejusque Stigmata pietatem aliquam profiterentur, quod est omnino impossibile, quia pius nequit esse in servum, qui spernit, aut nescit Dominum.

Blaterant hi perditissimi, Stigmatum S. Francisci festivitatem superstitionem esse, illusionis videlicet, & ecstasis fomentum, quod superstitionis novum genus dicendum est, quoniam si ex Divo Thoma 2. 2. q. 92. art. 1. ,, superstitio est vitium secundum excessum ,, religioni oppositum, eo quod cultum affe- ,, rat vel ei, cui non oportet, vel eo modo, ,, quo non oportet ,, novam hanc bæliæ nam superstitionem non intelligimus, nisi cum Protestantibus Sanctorum cultus in genere dicatur superstitio. At quamvis id voce, non rationibus exaltent hæretici, & sceleftissimi viri, modernorum quorumdam nihilominus male affectos animos alliciunt, qui proinde licet in Ecclesia Catholica nutriti, nebulonibus istis potius, quam ipsi Ecclesiæ matri adhærent, & subscribunt. Illud Muratorii profecto de Ingen. Moderat. lib. 2. cap. 1. ignorant eruditissimi nostri, quamquam ipsomet rationis lumine notum: ,, Expenden-
,, dum

„ dum eft, vires ne majores apud illos fuum,
„ an totius Ecclefiæ Catholicæ judicium fit
„ habiturum. „ Imo contra Ecclefiam ipfam
audacter infurgentes, & feftum ab ea inftitutum reprobantes, illud amplectuntur, quod
ipfis cæcutientibus in lumine videtur bonum,
illamque negligunt regulam ab eodem auctore
ibidem cap. 2. allatam, & a prudentia ipfa,
& ratione præfcriptam : „ Circumfpiciendum
„ eft, ne dum unum bonum ex una parte quæ-
„ rimus, gravius ex alia malum incaute ex-
„ citemus, qualia funt fchifmata, fcandala,
„ funefta diffidia, atque horum fimilia....
„ Præponendus eft enim ex inftitutione chari-
„ tatis amor Dei, & Fidei, & Ecclefiæ ceteris
„ amoribus.... Iftam legem religio, & phi-
„ lofophia fummopere commendant; „ &
quidquid vel fine ifta, vel contra iftam fit,
bonum effe haud quaquam poteft, etfi agens
nedum bonum, fed optimum fibi proponat
finem, quia „ bonum „ ut fert adagium „
„ ex integra caufa, malum ex fingulis defe-
„ ctibus. „ Scribit enim & ipfe Muratorius
cap. 1. atque ratio ipfa fuadet „ recta effe non
„ poffe hominum opera, nifi a juftitia vera
„ procedant; & charitatem chriftianam ducem,

,, cem, prudentiam vero comitem habeant.,,
Ecclesia de veritate Stigmatum S. Francisci
tutissima, impressionis eorumdem festum indixit, dignum ducens, & pium, tam insignis,
& inauditi portenti quotannis celebrare memoriam, ut hoc tam singulari exemplo, ut
ait etiam in oratione ejusdem festivitatis,, cor-
,, da fidelium in Christi crucifixi accenderen-
,, tur amorem. ,, Quænam hic superstitio,
quid irreligiosum? Nil profecto, nisi irreligiosum, & superstitionem dicere velimus,
Christum crucifixum diligere, atque ad id
excitare hominum corda, quod horrendum
est dictu, impium, & basphemum, Scripturæ, & rationi contrarium, quæ præcipiunt,
ac etiam intra nos valide clamant, ut Redemptorem nostrum pro nobis passum, & mortuum
redamemus.

Si igitur Ecclesia ad hunc finem Stigmatum festum instituit, ut nempe ex vulneribus
Christi in beato Francisco impressis, & in eodem veluti in exemplari quodam consideratis,
fidelium mentes ad illa ipsius Redemptoris meditanda consurgant, ut hinc eorumdem corda
istius amoris igne inflammentur, objectum hujus festivitatis non est, nisi dignum, justum, &

san-

sanctum. Cum vero ut tale proponatur ab Ecclesia, nihil superstitionis in eo pertimescimus, aut suspicari possumus, ac proinde tantæ matris innixi judicio, totius Catholici orbis firmato consensu, qui festum hujusmodi ex quo institutum fuit, pie colit, & celebrat, modernorum intemperantium dicteriis, ac temerariis ausibus non movemur. Traditiones, usus, & consensus Ecclesiæ nobis pro regula sunt, quosque huic adversari conspicimus, inobedientes, refractarios, pacis, & charitatis violatores, & inimicos habemus, quorum idcirco voces, probatione, & veritate destitutas, ac eò directas, ut pietatem adimant, & religionem attenuent, pudet audire. ,, Lectoris judicium sit pronunciare ,, inquit P. Honoratus tom. 2. lib. 1. dissert. 1. art. 3. ,, nonne viri postremorum sæculorum sa-
,, pientes, queis visum est, ipsorum referre
,, in pias traditiones insurgere, & decertare,
,, majus sibi fundamentum sternant, ac fideles
,, obsequenti illas animo suscipientes, respon-
,, dentesque consilio Ecclesiæ, quæ id rerum
,, genus in medium affert, ut suorum pietatem
,, excitet, tamquam instrumenta sensibus obno-
,, xia, quæ pias animi affectiones in officio con-
,, ti-

„ tineant, non tamen extorqueat ab ipsis fidem
„ eamdem, ac flagitat rebus, religionem,
„ & mores optimos attingentibus. „ Festum
sacrorum Stigmatum ecstasim, & mentis alienationem, sive rectius, elevationem, in contemplantibus ipsa Stigmata producere potest, & devotas animas in illusionem præcipitare. Ita moderni nostri delicatuli, & pusillanimes, quibus nova pietate imbutis placet hanc mentis alienationem, sive ecstasim, appellare superstitionem. At si omne, quod effectum hujusmodi producere potest, dicatur superstitio, ideoque inhibendum sit, & vitandum, jam superstitiones erunt, penitus eliminandæ, & ipsæ meditationes philosophicæ, rerum scilicet mere naturalium, & idcirco libri omnes interdicendi erunt de istis pertractantes, ac per consequens nec scientiis, nec artibus incumbendum erit, quia horum quoque studium, & meditatio profunda, mentem a sensibus abstrahere potest, ut centies contigisse, ac passim in dies evenire historia, & experientia nos docent.

Verum his omissis rerum naturalium exemplis, intimius inspiciamus quò nos recentiores nostri, veri Janseniani, sub pietatis
lar-

larva somnia sua vendentes, ducere velint, ut hinc pateat, quam bene de ipsis dici possit illud. *Malus, bonum ubi se simulat, tunc est pessimus.* Si memoria Stigmatum S. Francisci recolenda non est, quia ecstasim fovet, jam sequitur, quod nec Martyris, nec alterius cujuscumque Sancti festivitas celebranda sit, cum hæc quoque eumdem effectum in piis, & devotis parere possit, ac propterea & hæc erit superstitio, adeoque interdicenda ut volunt Protestantes. Devotæ namque animæ vel martyrium, vel singularem aliquam Sancti alicujus virtutem, aut gratiam serio, & vivide in ejus festo meditantes, a sensibus abstrahi possunt eodem modo, quo in contemplandis S. Francisci Stigmatibus potest eis evenire. Sequitur etiam, quod cum idem contingere queat, & sæpe revera contingat, in revolvendis animo Sanctorum actibus, aut in imaginibus expressis, aut in libris descriptis, Sanctorum omnium vitæ, & figuræ nullibi unquam intuendæ erunt, aut legendæ, sed absolute ab omnium oculis abscondendæ. Horum proinde opinamenta eò directa sunt, ut Sanctorum cultum, & festivitates, necnon gesta, & imagines cum Ichonomachis deleant, tamquam illusionis

fo-

fomenta, five, ut ipfi loquuntur, fuperftitiones. Eò nos trahere volunt hujus fæculi filii, ut a Martyrum, aliorumque Sanctorum actibus vel meditandis, vel etiam legendis abftineamus, ne in ecftafim rapti fupra fenfus elevemur.

Sed, quod gravius eft, eò nos ducere tentant, ut ne ipfam quidem Salvatoris noftri paffionem perlegere, aut contemplari debeamus, quia mens noftra in tali meditatione defixa, facilius fupra fe abripi poteft, quemadmodum in plurimis evenifle fcimus, in ipfo quoque Seraphico Francifco, cujus Stigmata doctorum noftrorum aliqui a phantafia repetunt, valida Crucifixi meditatione fuccenfa, ut in præfatione tetigimus, & in fequenti capite fufius dicemus. Superftitio erit per confequens & ipfa paffionis Chrifti memoria, ac proinde inhibendæ erunt Redemptoris noftri patientis imagines, & feftivitates, concremandi erunt libri omnes, nec ipfis exceptis Evangeliis, de Chrifto paffo, & pro nobis mortuo pertractantes, ejus mors contra præceptum Pauli non erit annuntianda, nec iftius commemoratio facienda, contra ipfius Chrifti mandatum. Nec rideant ad has illationes eruditi noftri,

quia

quia si ecstasis excitari potest in contemplatione exemplaris, idest S. Francisci, Stigmatibus insigniti, multo magis idem sequetur effectus in consideratione prototypi, nempe ipsius Christi crucifixi; atque adeo si superstitio est, & idcirco delenda Stigmatum festivitas, talis erit, & penitus interdicenda vulnerum Christi, ejusque passionis grata recordatio. Hinc propterea interdicendum erit quidquid Ecclesia quotannis religiose agit, præsertim in Quadragesima, & in Majori Hebdomada, imo & quotidie in Missis, ut passionis, & mortis Christi recolat memoriam. Si sapientes namque nostros audiamus, fovent superstitionem ritus, & cæremoniæ, quibus Ecclesia debitum Sponso suo solvit honorem, atque hisce gratos in suis filiis erga crucifixum Dominum affectus excitare studet. Sed quis non videt, eos, qui ita sentiunt, & docent, esse vulpes ignem in Ecclesiæ agrum ad segetum destructionem immittentes? Sub specie pietatis, & purioris disciplinæ prætextu, subtrahunt fidelibus exempla, & præsidia, quæ in Sanctorum, & præcipue Christi Redemptoris meditandis actibus ipsi reperiunt ad propriæ infirmitatis levamen, unde ex illis

eos

eos esse dignoscamus, qui, ut Christus ipse praedixit, veniunt in vestimentis ovium, intrinsecus autem sunt lupi rapaces.

Huc si tendit sapientum nostrorum secundum carnem nova doctrina, & vulpina religio, sub qua veram impietatem abscondunt, & in alios quoque traducere omni conatu procurant, summopere ab ipsis, & eorum artibus nobis cavendum est. Sapientiores aliis apud semetipsos, non audent miris factis assentiri, ne inter simplices computentur, aut cum plebis credulae vulgo, saepiusque superstitiosae adnumerentur, & vere nubes errantes, superbiae vento inflati huc illuc circumferuntur, ac Stigmatum quoque S. Francisci veritatem negant, & festum interdicunt. Nos vero eorum novitates detestantes, Ecclesiae matri, quae est columna, & firmamentum veritatis, quamque ipsa veritas, & Magister Christus nobis audire praecepit, firmissime adhaeremus, scientes, ipsam, non voce ignorantis plebis, aut rumore vulgi deceptam, sed invictis argumentis, & evidentissimis rationibus ductam, S. Francisci Stigmata ut vera probasse, horumque festum instituisse, non ut superstitionem in nobis foveat,

L

veat, sed ut ad recolendum tam insigne prodigium, divinitus in Seraphico Viro patratum, nos erigat, atque hinc ab hoc exemplari ad ipsa Christi vulnera meditanda, atque ex hac meditatione ad Salvatorem ipsum amandum corda nostra moveat, & inflammet. Superstitionem, quam Critici nostri pertimescunt, nos e contra desideramus, ecstasim nempe, & mentis elevationem in Christum crucifixum, quem pro nobis passum, & vulneribus affectum contemplari debemus, ut ex tali meditatione, quam ipsa gratitudo suadet, discat eruditus animus grates ei rependere, terrena cuncta despicere, & amare cælestia. Cum vero ad id media sint aptissima S. Francisci Stigmata, quidquid Janseniani sentiant, horum festum agimus cum Catholicis universis, quorum aliqui ad majorem ipsius Dei gloriam, & Seraphici Patriarchæ honorem, Romæ anno 1594. etiam piam instituerunt, ut capite tertio diximus, fidelium Sodalitatem a Stigmatibus iisdem denominatam. Hæc autem, cui Romanorum nobilissimi fere omnes, & alii quamplurimi nomen dant, pluribus in locis exinde erecta, occasionem dedit multas Ecclesias sub Stigmatum
deno-

denominatione ædificandi, in quibus idem festum per annos singulos religiose celebratur, maxime vero Romæ, ubi confratres ejusdem Sodalitatis nedum pie, sed etiam solemni apparatu, & pompa per octo continuos subsequentes dies ipsum agunt.

Nec minori pietate, & religione colit Florentina civitas habitum, quo Seraphicus Pater indutus erat, quando passionis Christi signaculis in monte Alvernæ decoratus fuit, quemque ipsemet Vir Sanctus, rogatus, dono dedit Alberto Comiti Montis Acuti, quo in oppido per annos 280. custoditus, mox ab istius hæredibus, in bello a Florentinis devictis, ad manus venit Serenissimorum Ducum Etruriæ, qui Minoritis Observantibus illum tradiderunt, penes quos in Ecclesia S. Salvatoris, vulgo Omnium Sanctorum Florentiæ, pie veneratur. Waddingus ad ann. 1224. num. xxi. agens de S. Francisco recenter stigmatizato, & ab Alvernæ monte ad suam dilectam Portiunculam redeunte, historiam hanc, etiam ab auctore Dialogi ejusdem sacri Montis descriptam lib. 3. cap. 2., sic narrat: ,, Venit ad Montem Acutum, ubi ,, summa alacritate exceptus a suo amico Co- ,, mite

„ mite Alberto, ejusdem loci Domino, ad
„ quem cum jam antea sæpius divertisset,
„ prædicebat se amplius non regressurum pro-
„ pter suas infirmitates, & mortem vicinam.
„ Dolens hoc audiit Albertus vaticinium,
„ atque ut perpetuæ absentiæ liniret dolo-
„ rem, petiit obnixe ut aliquid in sui me-
„ moriam posset accipere.. Nihil sibi esse
„ quod daret, respondit Franciscus, præter
„ pauperculam, & laceram vestem, quam,
„ si vellet, modo aliud daretur corporis
„ operculum, libenter erogaret. Nihil ma-
„ gis gratum Heroi potuit contingere, quam
„ illum accipere habitum, sub quo tantus
„ vir pignora nostræ redemptionis accepit;
„ quare accersito sartore, & comparato sta-
„ tim panno, vestem viro sancto efformavit,
„ quam sequenti die fecit, ut ille pro suo ad-
„ mitteret habitu. „

    Ad annum vero 1504. num. xxxi. de hoc
eodem habitu iterum verba faciens Annalista,
scribit: „ Ab anno 1224. apud hæredes, &
„ posteros prædicti Comitis sacra illa vestis,
„ veluti pretiosus thesaurus, diligenter asser-
„ vata est usque ad hunc annum, quo a Ca-
„ stro Montis Acuti ad cænobium S. Salvato-
                                          „ ris

,, ris fratrum Obfervantum extra urbem Flo-
,, rentinam translata est.... At cum ab hac
,, æde Minores transmigrarent ad aliam in-
,, tra urbem sub eodem titulo S. Salvato-
,, ris, eo translatus est habitus, & sub
,, fida custodia constitutus, obserata arca
,, clavibus tribus, quarum primam apud se
,, retinent Sereniffimi Duces Etruriæ, fecun-
,, dam Consules artis mercatoriæ, tertiam
,, Guardianus. Ter in anno referatur hic
,, pretiosus thesaurus, in die S. Francisci, &
,, in diebus dedicationis, & consecrationis
,, Ecclesiæ.,, Omnium igitur Catholicorum
pietatem, Ecclesiæ auctoritate fultam, æmulantes, æquo libentique animo erga S. Francisci Stigmata devotionem profitemur, horumque festum devote celebramus. Si scioli nostri ipsum damnant, & interdicunt, quia ecstasim, & mentis alienationem parere potest, ipsos a recto sensu, & ab Ecclesiæ sententia alienos esse censemus, ac miramur, ab ipsis illusis, & a veritate toto cælo aberrantibus, effectum hunc superstitionem, & mentis illusionem appellari. Si hæc eorum admittatur assertio, omni probatione destituta, abstinendum erit, ut dicebamus, a medita-

ditationibus nedum rerum ad æternam felicitatem ducentium, sed etiam naturalium, & philosophicarum, quorum primum quam impium, alterum quam ineptum sit, nemo non videt.

CAPUT XI.

Impressio Stigmatum in corpore S. Francisci nec a phantasia, nec ab alia naturali vi, sed sola Dei virtute fieri potuit.

Francisci Petrarchæ, & veterum nonnullorum quorumdam opinionem de impressione sacrorum Stigmatum in carne beatissimi Patris Francisci, queis hanc repetere placet vel a phantasia, jugi meditatione passionis Christi inflammata, vel ab alia naturali virtute, successu temporis renovasse Petrum Pomponatium, Adrianum Baillet, Joannem Baptistam Thiers, Richardum Simonium, & alios nostri sæculi cæcos, & cæcorum duces, in præfatione opportune indicavimus. Verum licet hæc eorum sententia falsa dignoscatur ex iis, quæ de natura eorumdem Stigmatum in superioribus dicta sunt cum testibus oculatis,

& scrip-

& scriptoribus coævis, vel quasi coævis, nostrum nihilominus hic erit, tam breviter expendere, & pro viribus refutare. Quoniam vero, ut nunc dicebamus, a veteribus quibusdam hanc acceperunt Critici recentiores, quamquam hi pro more inflati ipsam tamquam novam, & suam vendere non erubescant, ideo & nos ad veteres prius confugiemus, qui sibi synchronis respondentes, hosque rationibus oppugnantes, modernorum quoque dicteria veluti prævisa exsufflarunt, ac postmodum ad majorem asserti nostri confirmationem, etiam recentiorum aliquot scriptorum, Criticos ultimi temporis confutantium, verba, rationesque exscribemus. S. Bonaventura, cui certe Stigmatum S. Francisci natura optime perspecta fuit, ut liquet ex eorum accuratissima descriptione, quam in præcedentibus retulimus ex ejus operibus depromptam, in Prologo Legen. Major. ut adhuc aliqua ex ipso desumamus, inquit: ,, Vidi,
,, ait Joannes in Apocalypsi, alterum Ange-
,, lum ascendentem ab ortu solis, habentem
,, signum Dei vivi. Hunc Dei nuntium,
,, amabilem Christo, imitabilem nobis, & ad-
,, mirabilem mundo, servum Dei fuisse Fran-
,, ci-

„ ciscum, indubitabili fide colligimus, si cul-
„ men in eo exîmiæ sanctitatis advertimus,
„ quam inter homines vivens imitator fuit
„ puritatis angelicæ, qua & positus est perfe-
„ ctis Christi sectatoribus in exemplum....
„ Verum etiam irrefragabili veritatis testifica-
„ tione confirmat signaculum similitudinis
„ Dei viventis, Christi videlicet crucifixi,
„ quod in corpore ipsius fuit impressum, non
„ per naturæ virtutem, vel ingenium artis,
„ sed potius per admirandam virtutem spiri-
„ tus Dei vivi. „ In Legend. Min. sub titulo,
De Stigmatibus sacris, post varia recensita
miracula, a Deo patrata ad confirmandam realitatem Stigmatum S. Francisci, sic lectionem
octavam concludit Seraphicus Doctor: „ Ex
„ quo luculenter apparet, quod sacra illa si-
„ gnacula illius fuerunt impressa potentia,
„ & prædita sunt virtute, cujus est vulnera
„ infligere, medelas afferre, obstinatos per-
„ cutere, contritosque sanare. „

Ante Seraphicum Doctorem frater Thomas de Celano, qui utpote Sanctissimi Patriarchæ discipulus, & familiaris, ut alibi adnotavimus, sacra ejus vulnera inspexit, ac tetigit, divinitus hæc facta fuisse scribit, atque
in

in Sequentia, quæ olim canebatur in Missæ ejusdem S. Francisci, incipitque, *Sanctitatis nova signa*, de miris clavis in ejus manibus, pedibusque defixis, inquit:

Cessat artis armatura
In membrorum apertura,
Non impressit hos natura,
Non tortura mallei.

Bartholomæus de Pisis Conformit. 3. fruct. 3. cum dixisset: „ In manibus ejus, & pedibus „ facti sunt clavi sive de nervis, sive de car- „ ne „ in quo concordat cum aliis, qui de hoc prodigio scripserunt, ita prosequitur: „ Ars vero, sive natura, etsi vim haberet „ aperiendi, faciendi tamen clavos de ner- „ vis, sive de carne, sic duros, obtusos, & „ recurvos, nullatenus potest.... Materia „ enim fluida, etsi natura, seu imaginatione „ vehementi mutetur, & alteretur, & animæ „ obediat; tamen ubi materia est dura, ima- „ ginationi non obedit, ut dicit Augustinus „ 11. de Trinitate. Modo cum materia manu- „ um, & pedum, & præcipue in loco im- „ pressionis Stigmatum sit tota nervosa, & du-
„ rior,

,, rior, quam in aliis partibus corporis, non
,, poſſunt virtute naturæ, aut imaginationis
,, in talibus locis Stigmata talia fieri. ,,

Hæ rationes, ex facto, & philoſophia
deſumptæ, quas adhuc expectamus, ut ex
veteribus, aut ex recentioribus aliquis extricet, & enervet, cuique ratione utenti ſuadere debent, S. Franciſci Stigmata nulla naturali vi imprimi potuiſſe; adeo namque perſpicuæ ſunt, & invictæ, ut nulla indigeant
explicatione, unde ſatis erit eaſdem iterum
audire ex S. Bernardino Senenſi Serm. 3. *de
Stigmatibus beati Franciſci* art. 2. cap. 2. ubi
eos refellens, qui ab imaginatione, ſive a
phantaſia hæc impreſſa fuiſſe volunt, ſic ait:
,, Secundum mundi ſapientes res imaginata
,, fortiſſime contingit, quod quandoque evenire ſolet. Multum quidem ſequitur corpus animam in actionibus ſuis. Propterea continua imaginatio paſſionis Chriſti,
,, quæ a principio fuit glorioſi Franciſci, fuit
,, diſpoſitio magna ut ad hanc realitatem veniret. Non dico tamen quod talis imaginatio produxerit hunc effectum, quia talem
,, errorem & ſancta Eccleſia reprobat, & vera ratio confutat, & condemnat. Quia
,, vir-

„ virtute imaginativa quantumcumque forti,
„ non fit immutatio solidorum nervorum,
„ quemadmodum fuit facta in sacris Stigma-
„ tibus Francisci. Præterea materia fluida etsi
„ natura, & imaginatione vehementi mutetur,
„ & alteretur, & animæ obediens fiat, tamen
„ ubi materia dura est, imaginationi non
„ paret. Item si imaginatio vehemens habe-
„ ret Stigmata insignire, hoc præ omnibus
„ aliis in beata Virgine contigisset, quæ jux-
„ ta crucem de Dominica passione præ omni-
„ bus aliis doluit, & afflicta fuit. „ Ad hæc
cap. 3. ejusdem Sermonis differens *de duodecim miraculis Stigmatum beati Francisci*, repetit: „ Quintum est, quia in loco
„ ossoso, & nervoso, non in molli hæc Stig-
„ mata sunt impressa, quod non potest ve-
„ hementi imaginationi attribui, sed mira-
„ culo Dei. Tandem in Dialogo „ *inter Religionem*, *& Mundum* scribit idem Senensis.

*Stigmatum quinario est intus & foris
Fossus privilegio superni favoris;
Non enim cauterio humani laboris*

Fit

Fit hæc transformatio, sed per vim amo-
 ris;
O miranda novitas Stigmatum Francisci,
Quæ orandi charitas fecit adipisci.

Ne quis vero cum Criticis hinc deducat, Senensem repetere S. Francisci Stigmata ab amoris vi, ut eorum nonnulli volunt, hæc ejus verba desuper allata firmiter tenenda sunt: „ Non „ dico tamen, quod talis imaginatio produ„ xerit hunc effectum, quia talem errorem „ & sancta Ecclesia reprobat, & vera ratio „ confutat, & condemnat. „ In hisce carminibus ipse intelligit tantummodo, vim amoris, & charitatem orandi, fuisse „ dispositio„ nem magnam „ ut Pater Seraphicus „ ad „ hanc realitatem veniret „ ad Stigmata nempe in suo corpore vere & realiter divinitus recipienda, non vero causam effectricem Stigmatum eorumdem.

S. Franciscus Salesius in Tract. Amor. Dei lib. 6. cap. 15. loquens de vi amoris, quo cor S. Francisci Seraphici ardebat, ac de Stigmatibus ejusdem, hæc fideliter a nobis latine reddita scribit: „ Amor igitur effecit, ut „ do-

"dolores interni S. Francisci amantissimi
"usque ad partem externam transirent, &
"vulneravit corpus eodem doloris jaculo, quo
"vulneraverat cor. Sed amor, qui intus erat,
"plagas exterius in carne procul dubio ef-
"ficere non poterat. Seraphim proinde igni-
"tus in auxilium adveniens, radios emisit cla-
"ritatis adeo penetrantis, ut hæc realiter ape-
"ruerit in corpore exteriores Crucifixi pla-
"gas, quas amor interius impresserat in ani-
"ma." Non dubito, quin & ipsi Critici in hanc descendissent sententiam, si Stigmatum S. Francisci naturam, a tot tantisque viris præclarissimis descriptam, vel parumper in philosophiæ lance appendissent, ac animo inveniendi veritatem serio librassent. At ipsi in propriis oculis sapientissimi, nec auctores de Stigmatibus hisce tractantes, nec rationes ab istis adductas vel inspicere dignantur, nec illam quidem invictissimam jam indicatam, & etiam a Theophilo Raynaudo admissam, tom. 13 *de Stigmatismo sacro & prophano* cap. 10. scribente "quod si revera S. Franciscus Stig-
"mata ab imaginatione valida passionis Chri-
"sti habuisset, certe Deiparam, & S. Joan-
"nem, ac B. Magdalenam, quibus vulnera
"Chri-

,, Chrifti a propinquo fpectare, & valide
,, imaginari datum eft, infigniri fimilibus Stig-
,, matibus oportuiffet.,, Sed fi non a phantafia, nec utique ab alia naturali vi, aut humana arte S. Francifci Stigmata imprimi potuerunt, ipfamet eorum ftructura, admiranda
prorfus, & inaudita fuadente, ut hiftorici
omnes recenfiti advertunt, & fatentur. Hinc
propterea nec igne, nec ferro facta fuiffe dicendum eft, ut aliquando fuerunt Stigmata
Gentilium, qui fuorum Deorum imagines in
aliqua corporis parte fibi efformabant, quof-
que proinde Deus Levitici cap. 19. v. 28.
Judæis prohibet imitari, dicens: *Neque figuras aliquas, aut Stigmata facietis vobis*. Nec
ut illa fuerunt, quæ ipfimet Chriftiani perfe-
cutionis tempore fibi candenti ferro imprime-
bant, ficque fignati ad Martyrium propera-
bant, ut refert idem Raynaudus loco mox
laudato cap. 7. ubi ait: ,, Chrifti nomen per-
,, multi, vel crucis fignum in palmis, aut bra-
,, chiis inuri fibi curabant. Nimirum ficut
,, olim profani milites fignabantur in manu,
,, aut brachio, ita milites Chrifti meliori di-
,, cto facramento, fimilibus notis Deo aucto-
,, rati merito gaudebant. Ex hoc Chriftiano-
,, rum

„ rum quorumdam ufu, in illis turbinibus
„ ab Ethnicis animadverfo, videtur manaffe
„ rumor inter Ethnicos fparfus, quod Chri-
„ ftiani omnes notam haberent impreffam,
„ qua fe invicem agnofcerent, & ab aliis di-
„ fcernerent. „

Cum autem Sancius in cap. 44. Ifajæ num. 15. citatus ab eodem Raynaudo exiftimet, etiam „ in pace Chriftiana paffim Chri-
„ ftianos fic fe inuffiffe, impreffo manibus
„ Chrifti nomine,, atque id nunc quoque a multis infimæ plebis hominibus fieri videamus, idcirco neque hoc modo, neque illo, quem impius Bælius in deteftabili fuo Dictionario, loco in præfatione indicato, fomniavit, S. Francifci Stigmata facta fuiffe, aut fieri potuiffe dicimus. Etenim nulla vis, aut ars naturalis, clavos afformare potuit ex nervis, ita difpofitos, ut horum capita rotunda, & nigra in interiori parte manuum, & fuperiori pedum apparerent, & eorum acumina oblonga, retorta, & quafi repercuffa exifterent ex adverfo, itaut de ipfa carne furgentia, carnem reliquam excederent, ficuti cum Divo Bonaventura teftantur quotquot tam ante, quam poft ipfum de hoc argumento fcripfe-

ferunt, teftes etiam oculati, fynchroni, & omni exceptione majores. Philofophia fua explicet Bælius cum auctore Notæ ad Alcoranum Francifcanorum ab fe citato, & nobis dicat, fi fapit, quomodo Stigmata a S. Dominico, ut ipfe imponit, veru, aut alio quocumque ferro tumultuarie facta, hujufmodi effe potuerint? ,, Siquidem ,, ait S. Bonaventura ,, fub pedibus adeo prominens erat, &
,, extra protenfa repercuffio ipfa clavorum,
,, ut non folum plantas folo libere applicari
,, non fineret, verum etiam intra curvatio-
,, nem arcualem ipforum acuminum faciliter
,, immitti valeret digitus manus. ,, Hæc, inquam, fua philofophia Bælius exponat, atque nos doceat, quomodo cafu, & in jurgio fieri potuerint in quinque determinatis corporis partibus, & non in aliis. Explicet, & dicat, quomodo S. Francifcus talibus affectus vulneribus vitam ad duos annos, & dies producere potuerit, quin vulnera ipfa vel unquam putruerint, vel fætorem emiferint, ut advertunt omnes de iifdem fcribentes. Seraphicus Doctor naturam Stigmatum Seraphici Patris talem fuiffe fcribit, qualem nunc intelleximus, novam fcilicet, inauditam, ac
pror-

prorsus mirabilem, & narrationem suam, licet quamplurium testimonio comprobatam, sic concludit: „ Sicut ab eis ipse accepi, qui „ propriis oculis conspexerunt, „ Et Bælius quot auctores, vel testes suæ irrisionis in medium profert? Nullum omnino, nisi auctorem scilicet prædictæ Notæ, de quo ipsemet conqueritur, quod gratis omnino rem venditet, absque probatione ulla, vel auctoritate ipsam confirmante. Sed ubi sunt Criticorum regulæ, & ad quid Critici ipsi rigidiores, quorum unus Bælius habetur, eas ad facti alicujus veritatem dignoscendam constituerunt? Quænam regula tradit, ut factum admittatur, & publicetur ut verum, quod nulla ratione fulcitur, nullaque auctoritate probatur? Nos hanc regulam sequimur, ut quod validis probationibus munitur, admittamus, quod vero gratis asseritur, gratis, & absolute denegemus.

Quin vero plura addamus in cofutationem sceleftiffimi, ac nullius religionis viri, cujus proinde irrisio in S. Francisci honorem, & laudem cedit quam maximam, sermonem nostrum ad alios convertimus intemperantes Criticos, qui S. Francisci Stigmata repetunt

M a phan-

phantasia, hosque rogamus, ut simul omnes ea nobis edisserant, quæ a Bæio audire expectamus. Præcipue a Joanne Baptista Thiers desideramus, ut nobis exponat, quæ habet in fine capitis 3. suæ dissertationis contra P. le Franc: ,, Clavi S. Francisci non fue-,, runt, nisi clavi sancti amoris, quibus ,, uniebatur Christo, & lancea non fuit, nisi ,, flamma quædam divinæ charitatis, quæ ,, ipsum adurebat. ,, Verba sunt hæc atramento quidem reddita, sed omni verisimilitudine vacua, quia contra rationem ipsam, & contra auctoritatem scriptorum omnium, qui de S. Francisci Stigmatibus loquuti sunt, audacter prolata, ut ex dictis patet, & ex iis quæ dici possent, magis magisque pateret, si animus hic esset, calamum acuere contra viros, quorum deliria causæ nostræ apud probos nedum non obstant, sed plurimum prosunt. Etenim quid nobis officere potest Petrus Pomponatius, a quo, ut notavimus in præfatione, ipse Thiers, ac recentiores Critici omnes errorem hujusmodi mutuati sunt? Atheus iste in lib. *de Incantationibus*, in quo suam de S. Francisci Stigmatibus aperit sententiam, teste Antonio Mirandulano *de singulari cer-*

tamine lib. 6. tribuit cælorum influxibus omnes effectus mirabiles, & ab istis dependere vult religiones, leges, & legislatores; agens vero de sanationibus, quæ ad Reliquiarum tactum contingunt, eas irridet, ac male sentit etiam de Animæ immortalitate, quidquid in Apologia pro sibi simili frustra tentet. Bælius in Dictionario Verb. *Pomponace*. Quod præjudicium S. Francisci Stigmatibus hujus fidei vir afferre potest, aut Adrianus Bailletus, qui in suo opere *de devotione erga beatam Virginem*, Romæ damnato 1695. totus est, ut cultum ipsius Virginis vel minuat, vel tollat, sicuti in alio, *Vitæ Sanctorum*, dubitationem potius, quam ædificationem, suscitat in legentibus, adulator perpetuus scriptorum Protestantium, quorum opera sine mente exscribit, & laudat, ut de eo narrat auctor Dictionarii auctorum Ecclesiasticorum Verb. *Baillet*. Quid, ajebam, nobis obesse potest vir iste, quem non pudet asserere, S. Bonaventuram varium esse in Stigmatum relatione, quod falsum quam sit alibi demonstravimus, ubi etiam innuimus, ipsum infidelem esse in traductione verborum Seraphici Doctoris, quod ex collatione hujus traductionis cum genuinis S. Bonaventuræ textibus liquido apparet? Opinionem illorum ipse insinuare conatur, qui putant, mysticum, & spirituale fuisse quod in stigmatizatione S. Francisci evenisse scimus. Sed philosophice & ipse explicet, quæ de Stigmatibus hisce scriptores plurimi enarrant, atque assertionem suam, vel cujuscumque sit, conciliet, si potest, cum istorum dictis, ac præcipue cum ipsius Seraphici Doctoris verbis.

Quid tandem nostræ causæ obesse potest Ludovicus Dupinus, dum in Dictionario historico edito ann. 1712. sub ejus directione, S. Francisci Stigmata veluti dubia recenset? Nil certe nobis timendum est a Dupino, a viro nempe in omnibus suis scriptis hæreticorum fautore, Socinianismi suspecto, Ecclesiæ Catholicæ inimico, & a Protestantibus hac de causa summis laudibus celebrato. In sua namque Bibliotheca, solemniter proscripta, varia infirmat Catholica dogmata ab ipsis Protestantibus rejecta, teste Bossueto cum aliis, qui contra ipsum calamum acuerunt, ac proinde bis coactus ad publicam plurium propositionum retractationem, tandemque ut infamis, & calumniosi libelli approbator, &

hæ-

hæresis Janſenianæ protector, in exilium pulſus cum ſociis a Galliarum Rege Ludovico XIV., cui propterea Summus Pontifex Clemens XI. ſic in litteris aperit ſui animi ſenſus:
„ Non ſine maximo animi gaudio percepimus
„ regium Majetatis tuæ zelum, noſtris nuper
„ paternis vocibus excitatum, cæpiſſe in præ-
„ cipuos deterrimi libelli approbatores condi-
„ gnis pœnis animadvertere, Ludovicum
„ Du Pin, nequioris doctrinæ hominem,
„ temeratæque pluries Apoſtolicæ Sedis di-
„ gnitatis reum exulare jubendo. „ Quidquid igitur hi cum aliis ejuſdem indolis, & farinæ garriant, noſtra parum, aut nihil intereſſe debet, qui juxta regulas ab ipſis Criticis excogitatas auctores audimus, & ſequimur, probitate, & integritate præditos, teſtes coævos, & oculatos, è quorum parte eſt Eccleſia, non homines in rebus ad religionem pertinentibus audaces, & intemperantes, proprio genio unice innixos, & quatuor, vel quinque ſæculis a S. Franciſco diſtantes. Eccleſiæ obtemperamus „ ſupremiſque ejus Paſtoribus, quorum unus vere maximus, Benedictus XIV. de Serv. Dei Beatif. & Beat. Canoniz. lib. 4. part. 1. cap. 33. num. 19. rationibus ex vete-

ribus acceptis, & a nobis jam productis, Petrarchæ, Pomponatii, & aliorum opinionem refellit, realitatemque Stigmatum S. Francisci egregie confirmat, dum hæc a phantasia, vel ab alia quacumque naturali causa haud repeti posse demonstrat.

„ Id tamquam erroneum „ ita ipse „ fu-
„ se convincitur a Fortunio Liceto de quarto
„ quæsitis per Epistolam cap. 29., & a Theo-
„ philo Raynaudo de Stigmatismo sacro &
„ profano tom. 13. pag. 126. Bartholomæ-
„ us de Pisis Ordinis Minorum anno 1385.
„ aureum librum conscripsit de Conformitate
„ vitæ beati Francisci ad vitam Domini nostri
„ Jesu Christi, & in prologo 2. cap. 3. hæc
„ habet: Quod hujusmodi prodigium, vide-
„ licet impressio sacrorum Stigmatum, divina
„ solum potentia sit peractum, non natura,
„ nec arte, seu quavis alia forte imaginatio-
„ ne &c. patet si forma Stigmatum in mani-
„ bus, & pedibus Sancti facta cogitetur: nam
„ in manibus, & pedibus ejus sunt facti clavi
„ sive de nervis, sive de carne, qui quidem
„ clavi desuper erant quoad capita solidi,
„ grossi, & obtusi, erant longi, & extra ma-
„ nus, & pedes protendebantur, & recur-
„ va-

,, vabantur, intra quorum recurvationem ar-
,, cualem digitus manus immitti valebat, si-
,, cut dicit Dominus frater Bonaventura, Epi-
,, scopus Albanensis, S. R. E. Card. in 3. part. Le-
,, gend. Maj. se habuisse ab illis, qui hoc vi-
,, derunt, & palparunt, & sic esse juramen-
,, to firmaverunt. Modo dato quod natura,
,, vel imaginatio haberet vim aperiendi car-
,, nem, facere tamen clavos de nervis, sive
,, de carne sic duros, & tali forma dispositos,
,, adjuncta arte quacumque, nullatenus pos-
,, set. Patet etiam hoc idem si consideretur
,, materia, de qua tales clavi sunt facti &c.
,, Cum materia pedum, & manuum, & præ-
,, cipue in loco, ubi fuerunt Stigmata im-
,, pressa, sit tota nervosa, & durior, quam
,, in aliis partibus corporis &c. Similiter de
,, vulnere laterali in tali forma, & loco tali
,, præfatis de causis fieri non potuit vi naturæ,
,, nec imaginationis, nec virtute naturæ tanto
,, tempore imputribile potuisset conservari,
,, sicut fuit in ipso Patre, quia per biennium
,, &c. Vehemens imaginatio passionis Jesu si
,, haberet Stigmata naturaliter imprimere,
,, hoc præ omnibus in beata fuisset Maria Ma-
,, tre ipsius Domini Redemptoris, & in ejus

,, cor-

,, corpore, quæ præ cunctis Christum ama-
,, vit, & de ejus passione condoluit.,, Hactenus Benedictus XIV. cujus proinde, & aliorum auctoritas, rationibus innixa firmissimis,
non Criticorum nuda prorsus, & inanis assertio, nos movet, & quodammodo impellit ad
realitatem Stigmatum S. Francisci agnoscen-
dam, & affirmandam. Hæc in causa est, ut
cum prælaudato Raynaudo ,, extra omne du-
,, bium statuamus, Stigmata S. Francisci fuis-
,, se opus Dei supra naturam ,, & quidem
ipsiusmet Redemptoris manu peractum, ut
scriptores innumeri fatentur, Pontifices
quamplurimi in respectivis diplomatibus confirmant, & Ecclesia ipsa universalis ubique in
officio & Missa eorumdem Stigmatum solemniter canit.

CA-

CAPUT XII.

Ex quo S. Franciscus vera & reali Stigmatum impressione insignitus dicatur, non ideo Christo Domino æquiparatur, in sensu a Protestantibus, & Criticis nonnullis conficto.

Opportune dictum est in præfatione, Novatores & ore, & calamo vendere, S. Franciscum, quem placet ipsis idolum Stigmatizatum appellare, ita a Minoritis Christo crucifixo æquiparari, *ut ipsum habeant loco istius*. Primus, qui hæc somniaverit, & in vulgus ediderit, ad fucum simplicibus faciendum, & odium in Franciscanos excitandum, fuit ipse antesignanus Lutherus loco in eadem præfatione citato, ubi etiam vidimus, hæreticis adhærere Joannem Baptistam Thiers, & collectorem quorumdam opusculorum tom. 9. in Notis ad ipsius Thierii dissertationem. Hanc solemnissimam imposturam vel ab ignorantia, vel a malitia, sive potius a malignitate, & odio repetendam esse, Catholicorum

nul-

nullus negabit. Hæretici eam excogitarunt ad invidiam in Romanam Ecclesiam inter suos augendam, simulque evulgarunt ad expuendam bilem, qua eorum in Minoritas male affectus animus intime fervet. Quis enim, nisi malignus, & livore tabescens, calumniam hujusmodi creare, vel amplecti poterat? Et sane, ubinam id tradidere Minores, aut in quo libro, vel scripto hæretici prius, critici deinde, horum imitatores, legerunt, S. Franciscum a suis filiis Christo Salvatori ita æqui- parari ,, ut ipsum collocent longe supra Chri- ,, stum, ut verum Messiam, Mediatorem, ,, Advocatum, & Patronum invocent, & ,, vitam æternam ab ipso petant ,, uti deliran- do scripsisse Lutherum, atque hinc repetivisse gregales, in laudata præfatione adnotavimus? A Minorum certe nullo horrenda hæc, & inaudita blasphemia scripta ullibi reperitur, sed a Novatoribus, ut dicebam, conflicta fuit in odium Romanæ Ecclesiæ, ut hanc nimirum ob id quoque damnabilem edicant, quia nempe talia approbat, & Franciscanis de Institutore suo credere, & prædicare permittit. Sed quis maligna hæc a spiritu mendacii inventa, ac prolata esse non videt? Si Minorum aliquis

ita

ita de S. Francisco sensisset aliquando, ac populis insinuare ausus esset, Ecclesia procul dubio, de fidei puritate summe sollicita, errorem hunc tamquam hæresim detestabilem proscripsisset, ipsumque assertorem pertinacem ut hæreticum, & impium damnasset, sicuti damnavit Lutherum, & alios dogmatizantes, & ab ejus fide recedentes.

Cum igitur id ab Ecclesia numquam factum legatur, hac sola ratione satis viro Catholico probatum esse debet, æqualitatem prædictam in sensu a Novatoribus, & modernis sciolis intellecto, imposturam esse putidissimam. Ab eadem namque Ecclesia matre didicimus, honorem Sanctorum judicium diligere, nec nos latet quos canones ipsa ediderit ad honorem ipsum ab erroribus præservandum, quibus vel a mendaci studio, vel ab ignorantia, vel etiam a pietate nimia, & zelo non secundum scientiam conceptis, labefactari potest. Hos canones nec ipsi ignorant hæretici, qui propterea fateri coguntur, quod si Ecclesia Catholica eorum omnes anathematizavit magistros, & errores, hunc quoque damnasset, quem ipsi fingunt de S. Francisco habito pro Messia, & loco Cristi obtruso, ut po-

pote uni ex articulis fundamentalibus, ut ipforummet verbis utar, immediate oppofitum, ut nemo non videt. Sed non eft nobis amplius in hifce laborandum, cum ipfimet Proteftantes agnofcant, & fateantur, Ecclefiam Romanam, licet ab ipfis tot conviciis affectam, in fundamentalibus numquam defeciffe, quod falfum effet, fi prædictum errorem in Francifcanis vel tantummodo toleraffet. Ipfimet hæretici negare non poffunt, fi rationem, non paffionem, audire velint, quæ ab eorum doctoribus in ipfo rebellionis furore de S. Francifco divulgata fuerunt, falfa effe, & inventiones malignas, unde ab eis ad Thierium, & alios Criticos gradum facimus. Contendunt hi cum hæreticis, a Minoritis proprium parentem æquiparari Chrifto, quia Stigmatibus iftius infignitus exprimitur, & cum eo dicitur crucifixus. At quam logicam didicere eruditi noftri? Minoritæ S. Francifcum Chrifti vulneribus ornatum, & crucifixum dicunt: ergo eum obtrudunt loco Chrifti, ut fomniavit Lutherus, alium Chriftum ipfum effe putant, ut deliravit Scaliger, eumdem invocant ut Mefiam, Mediatorem, & Advocatum, & vitam æter-

æternam ab eo petunt, ut infaniendo repetit cum Luthero editor Alcorani Francifcanorum? Cur ita philofophentur etherodoxi, ratio in præfatione, & alibi adducta fuit; fed cur eos in hoc imitentur Catholicorum aliqui, nullatenus intelligi poteft, nifi aut ignorantia fumma, aut malignitas maxima fupponatur in eis. Maligni namque eft animi, rem malo in fenfu accipere, quæ in bono commode accipi poteft; imo infolentia eft apertiffima fenfum naturalem, & obvium, quem tenent omnes, deferere, & alium reddere novum, inauditum, a rei veritate, & communi intelligentia alienum, ut in re noftra faciunt recentiores, & quidem animo lædendi, & calumniandi.

Quem Catholicorum præterit, S. Francifcum ideo crucifixum dici, quia Stigmatibus notatus apparuit, quibus in ligno crucis Chriftus affectus fuit, quod idem eft ac dicere, Seraphicum Patrem ob hæc vulnera effe externam quamdam imaginem, & fimilitudinem Chrifti crucifixi, quam placuit ipfi Redemptori per fuorum vulnerum impreffionem in eo exprimere, ut hac renovatione in carne beatiffimi Francifci, corda noftra fui amoris

ris igne inflammarentur? Negabunt Critici hujus impreſſionis veritatem? Sed hanc jam ſatis ſuperque juxta eorum regulas probatam eſſe putamus, ideoque ſi vere, & realiter S. Franciſcus Chriſti Stigmatibus impreſſus fuit, veram ipſe Chriſti vulnerati imaginem detulit in ſuo corpore, atque ei per conſequens ſimilis dici poteſt, ac debet. Hanc ſimilitudinem, reponent ipſi, denegamus, quia id eſt, non in hæreticorum, ſed in noſtro ſenſu, ſervum cum Domino, Franciſcum cum Chriſto æquiparare. Papæ, quanta fidei, & conſcientiæ puritas in reformatoribus noſtris! At ſi Chriſtus vulnera ſua vere & realiter S. Franciſco impreſſit, & vera hac impreſſione ipſum ſibi ſimilem extrinſece reddidit, nil reſtat aliud, quam aut veritatem talis impreſſionis denegare, aut hanc ſimilitudinem admittere. Primum fieri nequit uſque dum extabunt, & vim habebunt Criticorum regulæ: ergo S. Franciſcus Chriſto crucifixo ſimilis dicendus eſt, quia hæc ſimilitudo ſequitur factum, ac tamdiu vera erit, quandiu ſtabit factum ipſum tot rationibus probatum, atque ſuffultum. Repugnat, addunt ipſi delicatuli, & ſcrupuloſi, ac indecens videtur hæc ſimilitudo S.

Fran-

Francisci cum Christo, subditum nempe, & Caput, servum, & Dominum iisdem insignibus, & characteribus exornare. Reponimus, quod si Christus Stigmata sua Francisco impressit, & hunc idcirco sibi similem reddere voluit, similitudo isthæc nec indecens, nec repugnans censeri debet, quia facta a Christo, qui horum neutrum efficere potest. Tota indecentia hæc, & repugnantia in solo opponentium cerebro defixa est, quia si nec indecens, nec repugnans fuit creare hominem ad imaginem, & similitudinem Dei, non video cur dedecere, ac repugnare debeat hominem reddere Christo crucifixo signis exterioribus conformem. Imo si ipsum Verbum Patris indignum non existimavit formam servi accipere, ac substantialiter fieri in similitudinem hominum, cur indecens putabimus, quod Christus in servo suo Francisco Stigmata suæ passionis renovaret, sicque extrinsecis hisce signaculis eum sibi crucifixo similem efficeret? Ergo ne S. Franciscus, quia ratione Stigmatum Christo similis, erit alter Christus, ut maligne inferunt hæretici, & cum istis moderni doctores eorum asseclæ, & discipuli? Nequaquam.

Ari-

Aristoteles lib. 2. de art. rethor. ea vocat similia, quæ sibi vicissim proportione quadam respondent, etiamsi contraria esse videantur. Proportio, quæ S. Franciscum Christo crucifixo similem reddit, est nuda, & simplex stigmatizatio, quæ cum sit vera, & realis, vera quoque, & realis ratione istius proportionis debet esse similitudo, quin indecens aliquid, aut repugnans in ea appareat. Nam si imago, quæ hic pro similitudine accipitur, est exemplar, & repræsentatio rei, quid repugnat, vel implicat, quod S. Franciscus imago sit Christi crucifixi, quatenus hunc extrinsece per sua Stigmata repræsentat? S. Bonaventura in Leg. Min. post narratam Stigmatum impressionem, hæc de Seraphico Viro addit: ,, Descendit de monte ,, secum ferens Crucifixi effigiem, non in ta- ,, bulis lapideis, vel ligneis, manu figuratam ,, artificis, sed in carneis membris descriptam ,, digito Dei vivi. ,, Criticorum scrupulus idem esse videtur, ac ille Hispanorum, & Januensium quorumdam; qui S. Franciscum cum signis redemptionis nostræ in imaginibus vel a pictoribus, vel ab aliis exprimi prohibebant, contra quos, ut alibi indigitavimus,

Alexander IV. litteras dedit, *Quia longum esset*. Idem ferme esse videtur ac ille Friderici Episcopi Olomucensis, *Sanctorum gloriæ detractoris*, ut ex Augustino Moravo in serie Episcoporum Moraviæ, & ex historia Bohemiæ Dubravii, de ipso refert Laurentius Beyerlinck in theatro vitæ humanæ tom. 3. Verb. *Episcopus*. Hic enim, teste Gregorio IX. in suo Brevi, *Usque ad terminos*, existimabat, vulnera solius Christi pro salute nostra crucifixi adoranda esse, ac proinde inferebat, nec S. Franciscum, nec Sanctorum alium cum Stigmatibus pingendum fore „ quod sit inde„ cens in subditis, ut plantata sibi prætendat „ insignia Capitis . „ Hunc scrupulum solvit Pontifex in iisdem litteris, ubi cum eodem Antistite simul recentiores confutat, & doctrinam nostram sic indubiam reddit : „ Respon„ demus, videlicet, quod Dei sapientia, „ quæ de limo terræ similem sibi formans ho„ minem, similis illi fieri per Incarnationis „ mysterium, ut ipsum a morte redimeret, „ non contempsit, dilectum sibi beatum Fran„ ciscum suorum specie Stigmatum decora„ vit . Quæ temeritas? quod peccatum? si „ tam singulare privilegium ad indulgentiæ

N „ glo-

,, gloriam picturæ testificatione pateat oculis
,, devotorum? Nonne, ut fileamus de aliis,
,, Princeps Apostolorum eximius, licet po-
,, sitione dissimili, quandoque pingitur cru-
,, cifixus? Sed dicis intrepidus alia, dum pa-
,, ctum reformat ratio, quia cum præteriri
,, nequiverit, quod de cruce Petri veritas
,, indicaverat, neque improprie suspensus in
,, cruce dicitur, neque incongrue tali dam-
,, natus supplicio figuratur; sed de Franci-
,, sci cruce, vel Stigmatibus, quod veritatis
,, indicium? quod probabile argumentum a
,, De cruce siquidem nota sæculis vita ipsiu
,, respondeat, quod postquam Religionis as-
,, sumpsit habitum, vacando virtutibus, con-
,, tinuum carnis subiit cruciatum: De Stigma-
,, tibus vero plures fide dignissimi, quos mi-
,, raculi tanti conscios divinæ placuit reddere
,, pietati, testimonium veritati perhibeat &c.,,
Ex quo igitur S. Franciscus vere in suo corpore Stigmata Christi portaverit, hisce exornatum, ac ipsius Christi imaginem referentem
depingi posse Gregorius IX. argumentatur, &
concludit.

Damus hæc ultero citroque, reponunt
doctores nostri, & cum Thierio in dissertatione

ne contra Patrem le Franc super inscriptione, *Deo Homini*, *& B. Francisco*, *Utrique crucifixo*, negant, hunc secundum, licet Christi vulneribus obsignatum, crucifixum dici posse, & si talis dicatur, quod ipsi Christo indecenter aequiparetur, alte proclamant. Recens collector opusculorum jam laudatorum, vir utique in dignoscendis nasu auctorum libris, olfactus vere acutissimi, ac prorsus singularis, dissertationem hanc ex gallico idiomate in italicum verti, & notis illustratam tom. 9. suae collectionis edi curavit. In harum una collector ipse vocat Thierium „ virum „ Ecclesiasticum, doctum, verae, ac solidae „ pietatis zelatorem, & superstitionis implacabilem inimicum „ & recte quidem, quia hanc ubique crepat in suis libris, quos *de Superstitionibus* ideo inscribere voluit, atque tam acriter in hisce eam insectatur, ut superstitionem inveniat etiam ubi non est. Hunc dissertatorem, quamquam ob suas supestitiones coactum varias mutare domos, & fortunas, laudat collector, ac protestatur, se dissertationem Ecclesiastici tam pii ideo traduci, & denuo typis dari curasse, ne opus tam dignum omnino periret. Opus, quod, ipso fatente, anno 1740. Hagæ Comitis tertio editum fuit a viro Protestante, ut occasionem hinc nanciscerctur fugillandi doctrinam Concilii Tridentini de Imaginum veneratione, & Orationes ab Ecclesia præscriptas pro Templorum, & Altarium consecratione. O pietas nova, collectoris laude digna, quia simillima suæ! Libellus, qui causam exhibet carpendi Ecclesiæ dogmata, & cæremonias, est opus dignum viro Ecclesiastico, veræ pietatis zelatore à Videat interim collector quænam sit in seipso pietas, qua impulsus fuit ad libellum hujusmodi italice reddendum, ac iterum evulgandum, nosque unde digressi sumus, revertamur.

Verus, & naturalis sensus inscriptionis, contra quam Thierius invehitur, Catholicorum cuique obvius est, & apertus, & nonnisi ab invido, vel ignaro poterat accipi diversimode, ac ab auctore fuerat intellectus, ut huic, ejusque consodalibus odium populi maligne conciliaret. Si enim verba, ut fert adagium, intelligenda sunt juxta mentem proferentis, vel scribentis, sola malignitas, vel ignorantia sensum a mente auctoris, & a Catholica veritate alienum in illa inscriptione poterat invenire. Hæc namque ut indecens,

& Chri-

& Christo injuriosa dicenda non erat, nisi cum Protestantibus Thierius existimasset, Minoritas habere S. Franciscum loco Christi, huic illum æqualem, & omnino similem credere, ac talem in ipsa inscriptione eum exprimere voluisse. Sed quo fundamento tantam impietatem in Minoritis vel suspicari poterat vir pius, & solidæ pietatis propugnator? In quo eorum libro hanc hæresim ab eis assertam legit vir Ecclesiasticus, & doctus? In nullo sane, sed ab hæreticis, in quorum libris ejus pietas delectabatur, hanc atrocem calumniam accepit, & pie adoptavit, ac vendidit. Joannes Baptista Thiers, reponit pro ipso novus editor dissertationis, in hac id unum propugnat, inscriptionem P. le Franc esse indecentem, & damnabilem, quia S. Franciscus æque ac Salvator noster in ea dicitur crucifixus, quod est omnino falsum, cum ille, sicut iste, cruci ligneæ, sive materiali, affixus nequaquam fuerit. Ita profecto non minus pie, quam acute Thierius. At quisnam ei dixit, id in ea lapide exprimere voluisse inscriptionis auctorem ? itaut sensus sit, S. Franciscum in ligno clavis fuisse confixum, & suspensum eodem modo, quo Christus pro nobis in eo pependit?

dit? Cum hoc pariter a nemine unquam contra historiæ veritatem fuerit prolatum, non video cur Thierius sensum hujusmodi in illa inscriptione legere potuerit. Respondet collector, id aperte colligi ex lectione ejusdem inscriptionis, in qua cum clare, iisdem verbis, & conjunctim Christus, & S. Franciscus dicantur crucifixi, quilibet intelligit, crucifixionem secundi cum illa primi æquiparari, quod est omnino falsum, quia Christus veræ, & materiali cruci affixus fuit, minime vero S. Franciscus. Vult igitur superstitionis implacabilis hostis, S. Franciscum in illa inscriptione male crucifixum dici, quia in cruce lignea appensus non fuit, nec ferreis clavis confossus ex ista pependit. Ita ipse, uti constat ex tota ejus dissertatione, in qua centies, & ad nauseam usque repetit, S. Francisci crucem non fuisse, sicut fuit illa Salvatoris.

O mysterium uni Thierio nunc primo revelatum! Et quis Catholicorum unquam ignoravit, Seraphicum Patrem in cruce lignea non pependisse, ac ideo tantum crucifixum dici, quia crucis mortificationem jugiter, ac tandem Stigmata Domini Jesu in corpore suo portavit? Nullus certe, nec ipsæ mulierculæ,
quas

quas proinde si Thierius interrogasset, hæ quoque facillime ei dixissent, quo sensu S. Franciscus tum in prædicta inscriptione, cum alibi dicatur crucifixus. Ad quid ergo superstitionem in illa timuit vir nimis justus, in qua nec ipsæ femellæ æquivocare possunt, & ad quid sensum a se uno intellectum, & non illum, quem omnes tenent, Patrem le Franc in ea reddere voluisse deprædicat? Non alia certe de causa, nisi quia malignus, & inquietus. Thierii zelus, replicat collector, exarsit veritatis amore, quia si S. Franciscus materiali cruci non fuit affixus, crucifixus dici nequit, & hoc est, quod vir doctus, & pius contendit contra Patrem le Franc. Optime quidem, ut liquet ex ipsa dissertatione, quæ inter verba quamplurima hanc unicam exhibet rationem, milliesque repetit: ,, S. Fran- ,, ciscus dici non potest crucifixus, quia cla- ,, vis in cruce lignea confixus non fuit. ,, Verum si ita est, ut ipse scribit, & docet, cur S. Paulus, qui pariter non pependit in ligno, ad Galat. 2. v. 19. se dicit cruci confixus *Christo confixus sum cruci?* Imo cur ipsemet Christus Matth. 16. prædicat: *Si quis vult post me venire, abneget semetipsum, & tollat* crucem suam? Si Thierius non aliam crucem agnovit, quam ligneam, & materialem, & nonnisi huic homines configi posse putavit, peregrinus utique fuit in doctrina Christi, nil-que penitus vir piissimus didicit in schola istius, in qua edocemur, crucem nobis necessariam esse, idest hujus vitæ tribulationes, vitiorumque nostrorum mortificationem. Hæc a Christo, & ab universis Christianis doctoribus crux dicitur, & crucifixio, & qui ipsam diligit, & amplectitur, crucifixus vocatur ab Apostolo ad Roman. 6. v. 6. scribente: *Vetus homo noster crucifixus est;* & ad Galat. 5. v. 24. *Qui sunt Christi, carnem suam crucifixerunt cum vitiis, & concupiscentiis.* Hæc est illa crux, cui Paulus dicit Christo se fuisse confixum, & ob quam Christianus quilibet similiter crucifixus, eidem Christo redditur conformis, ut Patres, & expositores docent, quorum Cornelius a Lapide illud Apostoli ad Roman. 8. v. 29. *Quos præscivit, & prædestinavit conformes fieri imaginis filii sui;* sic declarat: „ Per crucem conformamur Filio „ Dei, & Christo crucifixo, quæ ingens est „ dignitas, & utilitas. Sicut enim hic conformamur Christo in tribulatione, ita con„ for-

formabimur eidem in beatitudine. Non igitur ii tantum, qui pendent in ligno, sed etiam illi omnes, qui mortificationem Jesu in corpore suo circumferunt, crucifixi dicuntur, & Christo conformes, ac proinde cum S. Franciscus hujusmodi crucem jugiter portaverit, absque superstitione Christo similis, & crucifixus dici potest, sicuti hac de causa talis dicitur à Gregorio IX. in litteris desuper exscriptis, in quibus ad Episcopum Olomucensem de cruce Sancti Viri quærentem, ait:
„ De cruce siquidem nota sæculis vita ipsius
„ respondeat.„

Si vero crucifixus dici potest ob jugem sui mortificationem, eo magis talis dicendus erit, uti revera dicitur à plurimis, ratione Stigmatum Redemptoris, quæ in carne sua divinitus impressa per biennium, & amplius gestavit. Frater Elias in epistola alibi laudata „ Non diu „ inquit „ ante mortem Frater „ & Pater noster apparuit crucifixus. „ S. Bonaventura in Legend. Min. lect. 1. *de Transitu mortis*, ait: „ Christo igitur jam cruci „ Vir Dei confixus tam carne, quam spiritu „. Alexander IV. in diplomate, *Roma est*, scribit: „ In hoc Franciscus ab ipso
„ Chri-

„ Christo, licet dolenter, dulciter, & aman-
„ ter crucifixus apparuit „ idest in monte Alverna, de quo ibi loquitur Pontifex, qui in
alio, *Benigno operatio*, de S. Francisci Stigmatibus hæc habet: „ Ex his sincera fides
„ Christi accipit, quod etiam illi possint esse
„ passionis Christi sine extrinseco persecuto-
„ re consortes, qui pro ejus amore carnem
„ suam cum vitiis, & concupiscentiis volun-
„ tarie crucifigunt. „ Tandem & alii Pontifices, & scriptores quamplurimi S. Franciscum, quia Christi vulneribus insignitum,
crucifixum dicunt, & Ecclesia ipsa in Missa
Stigmatum ei accomodat illud Apostoli mox
recitatum, *Christo confixus sum cruci*, & in
hymno Vesperarum de eo canit:

Collaudetur Crucifixus,
Tollens mundi scelera,
Quem laudat Concrucifixus,
Crucis ferens vulnera,
Franciscus prorsus innixus
Super mundi fœdera.

Sed quin plura addamus, ipsemet Thierius nobiscum ultimo convenit, ac fatetur,
quod

quod si S. Franciscus vera, & reali Stigmatum impressione ornatus fuit, crucifixus dici possit. Hanc veritatem tam clare cognovit vir doctus, & pius, ut cum alibi proposuisset absolute evincere, S. Franciscum dici non posse crucifixum, mox advertens opinioni huic suæ obstare Stigmatum realitatem, melius duxit hanc denegare, atque hinc proferre, Stigmata hæc mystica tantum fuisse, & metaphorica. Quare cap. 3. suæ dissertationis piissime scribit: ,, Clavi S. Francisci non fue-
,, runt, nisi clavi Sancti amoris &c. ,, Comparationem vero instituens inter crucifixionem, & vulnera Christi, ac S. Francisci, concludit: ,, Quænam similitudo, sive æqua-
,, litas potest esse inter rem veram, & figu-
,, ratam, inter supplicium reale, & imagi-
,, narium, inter dolorem mysticum, & dolo-
,, rem verum? Crucifigi apparenter, in figura,
,, ecstatice, & mystice, nec est, nec dici
,, potest crucifigi; & ideo cum S. Franciscus
,, non aliter fuerit crucifixus, nullo modo
,, fuisse crucifixum dicendum est. ,, Circa finem insuper addit: ,, Jesu Crist a été effe-
,, ctivament attaché à una Croix: Saint Fran
,, çois ne l'a point été. Jesus Christ a été
,, réel-

, réellement, e veritablement crucifié: Saint François ne l'a été tout ovu plus qu' en apparence. Sed si ex rationibus, & testibus omni exceptione majoribus, allatis in superioribus capitibus, meridiana luce apparet, S. Francisci Stigmata fuisse vera, & realia, fateatur necesse est piissimus Thierius, Seraphicum Patriarcham non apparenter, non in figura, non mystice, & imaginarie, sed vere, proprie, physice, & realiter fuisse crucifixum, ac talem per consequens dici posse. Nec pigeat novum editorem Thierianæ dissertationis audire, quæ de ipso Thierio scribit loco superius laudato Benedictus XIV. Hic veritatis fines scribendi impetu transgressus est, asserens, metaphorice tantum, & mystice S. Franciscum vulnera recepisse, quod falsum esse ex supra adductis, & alibi adducendis dignosci potest.

Mihi ulterius non irascatur Thierii advocatus, si hunc suum clientem, incautum, & infidelem dico in legendis auctoribus, & in eorum textibus expendendis. Ibidem namque citat ipse pro sua sententia Petrum de Natalibus in Catal. Vit. SS. l. 9. cap. 19. & Jacobum de Voragine Legend. aur. cap. 144.

at-

atque utrosque secum sentire jactat. Quoad primum id probare præsumit ex istius verbis a se allatis: ,, Seraphim crucifixus crucifi-,, xionis suæ signa sic ei evidenter impressit, ,, ut crucifixus videretur & ipse ,, Ita revera Petrus de Natalibus. Sed hic nullæ metaphoræ, apparentiæ nullæ exprimuntur. Dicet quis, hunc loqui in Thierii sensu, eo quod aperte scribat, S. Francisco impressa fuisse crucifixionis signa, ob quæ crucifixus videbatur, sed non erat. Subtiliter quidem, sed omnino frustra. Cui namque vel in mentem venit, S. Franciscum, ut iterum diximus, clavis materiali cruci fuisse confixum? Nemo sane, cum omnes crediderint semper, & credant, ei realiter impressa fuisse vera Stigmata, quæ ob similitudinem videbantur illa Salvatoris, cujus erant signa. Et quomodo clarius explicare id poterat Petrus de Natalibus? Quicumque veritatem Stigmatum S. Francisci tenet, & fatetur, signa hæc fuisse scribit Christi crucifixi, sed signa vera, non metaphorica, ut vult Thierius. Integrum auctoris textum, quo Criticus abutitur, audiamus. ,, In visione Dei ,, inquit Petrus de Natalibus ,, beatus Franciscus supra se cruci-
,, fixum

,, fixum Serafin aspexit, qui crucifixionis
,, suæ signa sic ei evidenter impressit, ut cru-
,, cifixus videretur & ipse. Consignanturque
,, manus, pedes, & latus crucis charactere,
,, sed diligenti studio ab omnium oculis Stig-
,, mata abscondebat; quidam tamen hæc in
,, vita viderunt, sed in morte plurimi con-
,, spexerunt. ,, Eadem prorsus hic habet Petrus de Natalibus, quæ penes alios leguntur
auctores, quos Thierius saltem aliquando videre debuisset, vel ab ipsis Petri verbis addiscere, quod si passionis Christi signa, nempe
Stigmata, adeo evidenter beato Francisco
fuerunt impressa, ut crucifixus videretur,
hæc profecto nec mystica, nec metaphorica
fuere, sed tam vera, & physica, ut in vita,
& in morte ejus a multis fuerint inspecta. Id
si egisset vir solidæ pietatis amator, signum
non accepisset pro metaphora, atque intellexisset, quod si vulnera illa sacra dicuntur signa, dicuntur talia relatè ad illa Christi, quæ
significant, & repræsentant, ut ipsa fert natura signi, non autem considerata in se, quia
non poterant significare seipsa, & si repræsentabant Stigmata Christi, erant istorum vera, & realia signa, quod falsum esset, si &

illa

illa S. Francisci non fuissent vera Stigmata. Quotquot enim hæc talia fuisse putarunt, ea vocant signa, vel signacula Christi crucifixi, quin crediderint unquam, illa indcirco mystica fuisse, & metaphorica, ab ipsa philosophia edocti, quod signum ut aliud indicet, ut in casu nostro, debet esse quid physicum, & reale, & quod natura signi realitatem hanc non excludit in re significante. Et equidem S. Bonaventura in Lect. de Canoniz. & de Translat. S. Francisci scribens de fratribus, qui convenerant ad transitum Patris, ait: „ Deosculabantur in eo signacula summi Re- „ gis. „ Ecclesia vero universalis in officio Stigmatum, ut alibi quoque dictum est, solemniter canit: „ Signasti, Domine, servum tuum „ Franciscum, signis redemptionis nostræ.

Qualia denique Jacobus de Voragine fuisse putaverit Stigmata S. Francisci, an vera scilicet, vel metaphorica, haud melius colligi potest, quam ex ejusdem verbis, desumptis ex Serm. 166. *de Sanctis*, qui est 3. *de Stigmatibus Francisci*, & hæc sunt: „ Stigmata in corpore suo portavit, quod „ fuit omnimodæ veritatis. Quod multipli- „ citer ostendi potest. Primo ex Seraphica
„ vi-

,, fixum Serafin afpexit, qui crucifixionis
,, fuæ figna fic ei evidenter impreffit, ut cru-
,, cifixus videretur & ipfe. Confignanturque
,, manus, pedes, & latus crucis charactere,
,, fed diligenti ftudio ab omnium oculis Stig-
,, mata abfcondebat; quidam tamen hæc in
,, vita viderunt, fed in morte plurimi con-
,, fpexerunt.,, Eadem prorfus hic habet Petrus de Natalibus, quæ penes alios leguntur auctores, quos Thierius faltem aliquando videte debuiffet, vel ab ipfis Petri verbis addifcere, quod fi paffionis Chrifti figna, nempe Stigmata, adeo evidenter beato Francifco fuerunt impreffa, ut crucifixus videretur, hæc profecto nec myftica, nec metaphorica fuere, fed tam vera, & phyfica, ut in vita, & in morte ejus a multis fuerint infpecta. Id fi egiffet vir folidæ pietatis amator, fignum non accepiffet pro metaphora, atque intellexiffet, quod fi vulnera illa facra dicuntur figna, dicuntur talia relaté ad illa Chrifti, quæ fignificant, & repræfentant, ut ipfa fert natura figni, non autem confiderata in fe, quia non poterant fignificare feipfa, & fi repræfentabant Stigmata Chrifti, erant iftorum vera, & realia figna, quod falfum effet, fi &

illa

illa S. Francisci non fuissent vera Stigmata. Quotquot enim haec talia fuisse putarunt, ea vocant signa, vel signacula Christi crucifixi, quin crediderint unquam, illa indcirco mystica fuisse, & metaphorica, ab ipsa philosophia edocti, quod signum ut aliud indicet, ut in casu nostro, debet esse quid physicum, & reale, & quod natura signi realitatem hanc non excludit in re significante. Et equidem S. Bonaventura in Lect. de Canoniz. & de Translat. S. Francisci scribens de fratribus, qui convenerant ad transitum Patris, ait: „ Deosculabantur in eo signacula summi Re-
„ gis. „ Ecclesia vero universalis in officio Stigmatum, ut alibi quoque dictum est, solemniter canit:,, Signasti, Domine, servum tuum
„ Franciscum, signis redemptionis nostrae.

Qualia denique Jacobus de Voragine fuisse putaverit Stigmata S. Francisci, an vera scilicet, vel metaphorica, haud melius colligi potest, quam ex ejusdem verbis, desumptis ex Serm. 166. *de Sanctis*, qui est 3. *de Stigmatibus Francisci*, & haec sunt:
„ Stigmata in corpore suo portavit, quod
„ fuit omnimodae veritatis. Quod multipli-
„ citer ostendi potest. Primo ex Seraphica
,, vi-

„ visione; vidit enim beatus Franciscus Chri-
„ sti passionem meditando, revolvit unum
„ de Seraphin sex alas habentem, & inter
„ alas erat effigies Christi crucifixi; dispa-
„ rens autem, in corde suo mirabilem re-
„ liquit ardorem, & in corpore suo Stigma-
„ tum impressionem. Secundo ex sanguinis
„ emissione; ex dextero enim latere, tam
„ quam lancea transfixo, sæpe sanguis exi-
„ bat, qui tunicam, & femoralia respergé-
„ bat. Alias enim sanguinem non emisisset,
„ si vera Stigmata non fuissent. Tertio ex
„ sensibili dolore; cum enim quidam frater
„ scapulas ejus confricaret, & vulnus lateris
„ sic tetigisset, beatus Franciscus ad ejus
„ tactum dolorem sentit, & maxime exclama-
„ vit. Alias enim dolor non sentiretur, nisi
„ vera Stigmata haberentur. Quarto ex mul-
„ torum fideli attestatione, quia multi tam
„ in vita, quam in morte ista Stigmata vi-
„ derunt, tetigerunt, & osculati sunt, *quòd audivimus, & quòd vidimus oculis no-*
„ *stris* &c. Quinto ex multorum miraculo-
„ rum ostensione, nam ex signis ipsis modò
„ certificat dubios, sicut patet in Papa Gre-
„ gorio; modo juvat devotos, sicut patet
„   „ mi-

„ milite sibi devoto, qui lethaliter fuit vul-
„ neratus; modo convertit incredulos, sicut
„ patet in clerico de ejus Stigmatibus dubi-
„ tanti, & manu sua vulnus recipienti. „
Hæc Jacobus de Voragine, qui nil clarius,
nilque validius dicere poterat ad Stigmatum S.
Francisci veritatem exprimendam, realitatemque comprobandam, licet signa eadem
ipse vocet, sed vera signa, idest vera Stigmata, ut ejus verba rationibus innixa apertissime declarant. Quare cum hæc non mystica, & metaphorica fuerint, S. Franciscus
crucifixus dici potest, & Christo similis,
quamquam cruci ligneæ clavis non fuerit confixus.

Externa hæc S. Francisci similitudo cum
Christo crucifixo exprimitur etiam in stem-
mate fratrum Minorum per duo cancellata
brachia, mediam crucem habentia rubra cicatrice obsignata. Collector opusculorum,
sive novus editor dissertationis Joannis Bapti-
stæ Thiers, ac istius laudator, & protector
in Nota ad cap. 1. ejusdem dissertationis pag.
9. hoc Minorum stemma describit, ac postea concludit: „ Videtur per hoc significari
„ velle, S. Franciscum fuisse crucifixum, uti
„ fuit

,, fuit Christus. ,, Vir iste præsumptione, ac temeritate plenus, quique plerisque videtur novus iconomacus, Christi patientis, & Sanctorum inimicus, veræque philosophiæ, ac sanæ theologiæ penitus inscius, ex dictis intelligat, si vult, quam ignoranter sapiat, quam turpiter hallucinetur, quam audacter scribat, & quam insolenter agat hæc venditando. Intelligat, inquam, si vult, quoniam quidquid ipse sentiat, vel cruciet de S. Francisci Stigmatibus, nostra, qui de ipso non curamus, nihil omnino interest, ima ejus deliria in Seraphici patris laudem cedere arbitramur, non minus, quam Pomponatii, Bælii, & Lutheri, ejusque gregalium calumniæ, quas ipsi in lucem edere, ac rerum inter Catholicos imprudenter evulgare placet. Nos veritatem Stigmatum S. Francisci tot firmissimis rationibus, tot validissimis testibus, & auctoribus assertam, probatam, confirmatamque, corde tenentes, atque ore, & calamo affirmantes, spretis nostri sæculi nebulonibus, cum Alexandro IV. in litteris jam alibi laudatis, *Benigna operatio*, concludimus : ,, Nemo itaque eidem Sancto audeat
,, de cetero esse molestus, in corpore suo
,, Chri-

,, Christi triumphalia Stigmata præferenti; ,, Ipsis autem reformatoribus, qui, utpote nova pietate, novaque theologia imbuti, hæc legentes ridebunt, & subsannabunt, illud ejusdem Pontificis in alio diplomate, *Grande, & singulare*, prolatum intimamus: ,, Qui ,, prædicaverint, dictum Confessorem ipsa ,, Stigmata nullatenus habuisse, cujuscumque ,, Ordinis, vel conditionis existant, eo ipso ,, laqueum excommunicationis incurrant, a ,, qua non possint absolvi, nisi personaliter ,, Apostolicam Sedem adeant, super hoc absolutionis beneficium petituri. Et si forte ,, tales doctores, seu lectores in theologia, ,, seu quacumque alia facultate fuerint, lectionis si doctores, prædicationis officium ,, si prædicatores, si vero potestatem audiendi confessiones habeant, ea sint omnino ,, privati, & quilibet ipsorum nihilominus, ,, qui hujusmodi officia, vel potestatem simul habuerit, similem horum privationem ,, incurrat. ,,

Moderni critici, novique theologi, dicebam, hæc audientes ridebunt, sed ex risu lectores intelligent, hos, nedum censurarum ecclesiasticarum, & piarum institutionum,

sed

sed Sanctorum quoque, ac Supremi Pastoris contemptores, esse Jansenianos, ac utique ex illis, qui sub arctioris disciplinæ velamine veniunt ad nos, ut alibi etiam diximus, in vestimentis ovium, intrinsecus autem sunt lupi rapaces. At fideles audiant ultimo quæ Summus Pontifex Clemens XI. de ipsis ad nostram doctrinam scribat, dum eorum aperit insolentiam, & pervicaciam; qui Constitutioni, *Unigenitus*, obedire detrectant. Ait Pontifex: „ Justo Dei judicio ambulantes in
„ tenebris, nesciunt plane quo vadant: Scan-
„ dalum siquidem de Constitutione nostra
„ comminiscuntur; sed seipsos potius de per-
„ vicaci sua inobedientia scandalum facere
„ non agnoscunt. Sacrosanctam Episcopatus
„ dignitatem exaltare se velle declarant; sed
„ eo ipsa deprimunt, dum interim fraterni-
„ tatem ipsi contemnunt, audacissimæ infe-
„ rioris Cleri rebellioni fomentum tribuunt,
„ universumque Ecclesiasticum Ordinem Lai-
„ cis Tribunalibus, vel in ipsa Religionis
„ causa, indecore, ac perperam subjici non
„ attendunt. De veteris, ac novæ Legis di-
„ scrimine, tamquam de re ipsis solis per-
„ specta, multa, & plerumque inutiliter

disputant, novæque præstantiam, quam omnes agnoscunt, & profitentur, inculcare non desinunt; utriusque tamen Legis plenitudinem, quæ est dilectio, minime observant. Charitatem nulli impensius laudant, nulli impudentius violant. Divinæ Gratiæ virtutem prædicant, quam Catholicus nullus negat: sed damnatis erroribus faventes, Spiritui Gratiæ contumeliam faciunt. Quod vero Nos de pusillorum scandalo sollicitos plurimum excruciat, illud est, quod dum plerique eorum hæc faciunt, vel consentiunt facientibus, ad hoc speciofo quodam ementitæ severitatis amictu se contegentes, rigidioris doctrinæ gloriam captare non cessant, instituendæque in melius Christianorum vitæ, & ad normam Evangelii componendæ zelum magnifice ostentant. Quare Nos perniciosam hanc larvam, quæ animabus pretiosissimo Christi sanguine redemptis certum parare posset exitium, palam detrahere volentes, ipsos aberrantes fratres publice, & coram universa Ecclesia monitos facimus, ne sibi ulterius de falsa exactioris disciplinæ famæ blandiantur; neque enim vera

,, vir-

„ virtus absque humilitate, pietas absque
„ obedientia, Christiana demum perfectio
„ absque charitate potest consistere. Porro
„ quæ humilitas? sensum proprium commu-
„ ni Fratrum sententiæ, quin, & Supremæ
„ Beati Petri Cathedræ judicio obstinate præ-
„ ferre? Quæ obedientia, Apostolicis defi-
„ nitionibus reluctari? Quæ tandem chari-
„ tas, injuriis, & contumeliis agere, rixas,
„ & contentiones ubique disseminare? Agno-
„ scant igitur, Divini luminis irradiante ful-
„ gore, quam gravibus coram Deo, & Ec-
„ clesia reatibus, & periculis involvantur.
„ Meminerint scriptum esse, quod quasi pec-
„ catum ariolandi est, repugnare, & quasi
„ scelus Idololatriæ est, nolle acquiescere
„ Omnipotentis Dei, qui superbis resistit,
„ tremendum, & imminens sibi judicium ti-
„ meant, Ecclesiæque pacem simul, & Rei-
„ publicæ tranquillitatem perturbare tan em
„ aliquando desistant. „ Hæc tanti Pontificis
verba, de respuentibus Constitutionem, *Uni-*
genitus, prolata, etiam de Sacrorum Stigmatum S. Francisci, aliarumque piarum tra-
ditionum modernis oppugnatoribus dicta esse,
ex eo patet, quod isti in his oppugnandis eodem

dem agantur spiritu, quo in respuenda Constitutione prædicta agebantur illi, eademque hi excitent scandala, quæ inobedientia, & superbia sua disseminabant illi. Patet etiam ex eo vel maxime, quod nostri reformatores, utpote Janseniani, eamdem Constitutionem superbi, & inobedientes & ipsi despiciant, ac proinde eodem malo spiritu acti, ab eorum antesignanis accepto, etiam pias institutiones abjiciant, præsertim si a Regularibus eas invectas, aut propugnatas esse perspiciant. Sed recogitent ipsi interim, si adhuc eis est intellectus, ultima nunc allata gravissima Clementis XI. verba, & fideles, lupis agnitis ovina pelle contectis, ab eis caveant, atque Ecclesiæ Matris judicio firmiter adhærentes ut filii, ejus devote, & humiliter pietatem sectentur, & fideliter servent.

www.ingramcontent.com/pod-product-compliance
Lightning Source LLC
Chambersburg PA
CBHW020757230426
43666CB00007B/735